KB263659

하나님께 **로그인**하다

하나님께 로그인하다

저자 이사무엘

초판 1쇄 발행 2026. 1. 23.

발행처 도서출판 브니엘
발행인 권혁선

책임교정 조은경
책임영업 기태훈
책임편집 브니엘 디자인실

등록번호 서울 제2006-50호
등록일자 2006. 9. 11.

서울특별시 송파구 백제고분로28길 25 B101호 (05590)
마케팅부 02)421-3436
편 집 부 02)421-3487
팩시밀리 02)421-3438

ISBN 979-11-93092-56-9 03230

독자의견 02)421-3487
이 메 일 editorkhs@empal.com

북카페주소 cafe.naver.com/penielpub.cafe
인스타그램 @peniel_books

이 책은 저작권법에 따라 보호받는 저작물이므로 무단전재 및 무단복제를 금합니다.
이 책의 전부 또는 일부를 이용하려면 반드시 사전에 저작권자와 도서출판 브니엘의
동의를 받아야 합니다.

도서출판 브니엘은 독자들의 원고를 설레는 마음으로 기다리고 있습니다.
위의 이메일로 간단한 기획 내용 및 원고, 연락처 등을 보내주십시오.

도서출판 브니엘은 갓구운 빵처럼 항상 신선한 책만을 고집합니다.

하나님께 로그인하다

이사무엘 | 지음

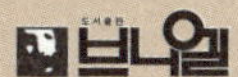

기도란 무엇일까요?

신학적으로 정의하자면 수많은 답변이 가능하겠지만, 저는 오늘 당신에게 조금 다른 이야기를 꺼내 보려 합니다.

우리가 살아가는 세상은 3차원의 공간입니다. 점(0차원)이 모여 선(1차원)이 되고, 선이 모여 면(2차원)이 되며, 면이 모여 입체적인 공간(3차원)을 이룹니다. 기도에도 이러한 차원이 있습니다. 어떤 이는 1차원의 기도에 머물러 있고, 어떤 이는 3차원의 깊은 기도의 세계를 유영합니다.

저는 이 책을 통해 당신을 그 깊고 넓은 기도의 세계로 초대하고 싶습니다.

첫 번째 차원은 '나의 필요를 구하는 단계(Petition)' 입니다.

"하나님, 저 이것이 필요합니다. 도와주세요."

우리는 연약하기에 끊임없이 결핍을 느낍니다. 지혜가 부족하고, 건강이 부족하고, 재정이 부족합니다. 이때 전능하신 하나님께 손을 내미는 것, 이것이 기도의 시작입니다. 어떤 분들은 "하나님이 다 아시는데 굳이 구해야 하나?"라고 묻지만, 예수님조차 "구하라, 찾으라, 두드리라"고 말씀하셨습니다. 어린아이가 배고픔에 울음을 터뜨리듯, 당신의 결핍을 솔직하게 아뢰는 것에서 기도는 시작됩니다.

두 번째 차원은 '하나님과 대화하는 단계(Conversation)' 입니다.

일방적으로 내 요구사항만 나열하고 끝내는 것이 아니라, 하나님의 음성에 귀를 기울이는 것입니다. 선과 선이 만나 면이 되듯, 나의 뜻과 하나님의 뜻이 만나는 지점입니다. 기도하다 보면 내 기도의 내용이 바뀌는 경험을 하게 됩니다. "아, 하나님이 원하시는 건 이게 아니구나." 정욕으로 구하던 것을 내려놓고, 하나님의 마음을 알아가며 조율하는 단계입니다. 기도가 독백이 아닌 대화가 될 때, 당신은 비로소 기도의 맛을 알게 됩니다.

세 번째 차원은 '하나님께 순종하는 단계(Surrender)' 입니다.

기도의 가장 높은 봉우리입니다. 겟세마네 동산에서 예수님께서 보여주신 기도입니다. "나의 원대로 마시옵고 아버지의 원대로 하옵소서." 내 뜻을 꺾고 하나님의 뜻에 완전히 항복하는 것, 그래서 나의 삶을 통해 하나님의 뜻이 이루어지는 것. 이것이 기도의 완성입니다.

하루에 한 번, 하나님께 로그인하는 21일의 훈련

하지만 이 깊은 기도의 차원으로 들어가는 것은 저절로 되지 않습니다. 매일의 꾸준한 접속이 필요합니다. 그래서 저는 이 책을 총 21개의 장으로 구성했습니다. 너무나 바쁘고 분주하여 기도를 잊고 사는 현대인들이, 하루에 딱 한 번이라도 하나님께 '로그인' 할 수 있도록 돕기 위함입니다.

왜 하필 21일일까요? 여기에는 특별한 의미가 담겨 있습니다.

어미 닭이 알을 품어 병아리로 부화시키는 데 걸리는 시간이 21일입니다. 생명이 탄생하기 위한 최소한의 시간인 셈입니다.

맥스웰 몰츠(Maxwell Maltz) 박사는 "우리의 뇌가 새로운 행동을 기억하고 습관으로 만드는 데 최소 21일이 걸린다"라고 말했습니다. 무엇보다 성경의 다니엘도 민족을 위해 '세 이레(21일)' 동안 간절히 기도하며 하나님의 응답을 받았습니다.

영성신학자 리처드 포스터는 "훈련이 자유를 낳는다"라고 했습니다. 기도는 저절로 되는 것이 아니라 거룩한 훈련을 통해 몸에 배는 것입니다. 우리 예수님께서도 "습관을 좇아" 감람산에서 기도하셨습니다(눅 22:39). 주님조차 습관을 따라 기도하셨다면, 연약한 우리에게는 더더욱 거룩한 반복이 필요하지 않을까요?

이 책은 누구나 쉽게 읽을 수 있도록 썼지만, 그 내용은 결코 가볍지 않습니다. 성경 말씀을 토대로 기도의 가장 깊은 심연까지 들어갈 수 있도록 안내할 것입니다.

부디 21번의 반복된 로그인 훈련을 통해, 당신의 삶이 기도의 자리로 나아가길 바랍니다. 3주간의 여정이 끝났을 때, 당신의 영혼이 껍데기를 깨고 나와 새로운 기도의 습관으로 다시 태어나는 것을 경험하게 될 것입니다.

혼자 읽어도 좋고, 함께 읽으면 더 좋습니다

이 책은 개인의 묵상을 위해 쓰였지만, 소그룹이 함께 읽기에도 좋습니다. 매주 한 번씩 만나, 한 주 동안 읽은 챕터의 내용을 나누어 보십시오. 각 챕터 끝에 마련된 [더 깊은 묵상을 위한 질문]을 통해 서로의 고민과 은혜를 나누고, [한 줄 기도]로 함께 마무리를 해 보십시오. 혼자 하면 작심삼일이 되기 쉽지만, 함께 하면 멀리 갈 수 있습니다.

또한 이 책의 마지막에는 '파트별 묵상 기도문'을 수록했습니다. 각 파트를 읽고 난 후 충분한 시간을 들여 자신의 내면을 깊이 들여다보고 하나님과 독대할 수 있도록, 호흡이 길고 깊이 있는 분량으로 묵상 기도문도 넣었습니다. 소리 내어 천천히 읽으며 기도의 깊은 세계를 경험해 보십시오.

지금 당신의 기도는 어디쯤 와 있습니까? 혹시 기도의 문이 닫혀 답답해하고 있지는 않습니까?

이 책은 단순히 기도의 방법을 알려주는 매뉴얼이 아닙니다. 하나님이라는 거대한 우주에 접속(Login)하여, 그분의 호흡을 느끼고, 그분의 능력을 덧입는 여정입니다.

기도는 언제나 위대합니다. 당신이 무릎 꿇는 그 작은 골방에서 위대한 하나님의 역사가 시작되기 때문입니다.

당신에게 이 21일이 기도의 문이 열리는 가장 특별한 시간이 되기를 소망합니다.

지금부터, 다시, 기도를 시작해 봅시다. 하나님께 로그인할 준비가 되셨습니까?

글쓴이 이사무엘 목사

그러므로 너희는 이렇게 기도하라. 하늘에 계신 우리 아버지여
이름이 거룩히 여김을 받으시오며. 마 6:9.

P·A·R·T·1

접속
: 하나님 아버지께 로그인하다

패스워드는 '아빠, 아버지' 입니다

"그러므로 너희는 이렇게 기도하라. 하늘에 계신 우리 아버지여 이름이 거룩히 여김을 받으시오며"(마 6:9).

특정 웹사이트나 시스템에 접속하려면 필요한 것이 있습니다. 바로 아이디와 패스워드입니다. 그 안에 아무리 중요한 정보가 있어도 패스워드를 모르면 접속할 수 없습니다. 로그인할 수 없습니다.

하나님께 나아가는 영적인 세계도 마찬가지입니다. 하나님께 접속(Access)하기 위한 패스워드가 있습니다. 예수님께서는 제자들에게 기도를 가르쳐 주시면서 그 패스워드를 가장 먼저 알려주셨습니다. 바로 "하늘에 계신 우리 아버지"입니다. 이 한마디가 우리의 기도를 엽니다. 이 호칭을 부르는 순간, 굳게 닫혀 있던 하늘 문이 열리고 영적인 커뮤니케이션이 시작됩니다.

옆집 아저씨가 아닙니다

기도가 막히는 가장 큰 이유는 기도하는 대상을 오해하기 때문입니다. 혹시 기도를 마치 옆집 아저씨나 슈퍼마켓 주인에게 사정하는 것으로 착각하고 있지는 않습니까?

어느 날 아이가 갑자기 아주 불쌍한 표정을 지으며 아빠에게 다가옵니다. "아빠, 나 돈가스 먹고 싶어요." 평소 같으면 안 된다고 했을지도 모르지만, 그날따라 아이의 표정이 너무 간절해 보입니다. 아빠는 아이와 함께 바로 돈가스 식당으로 달려갑니다.

그런데 만약 아이가 지나가는 낯선 아저씨에게 가서 "아저씨, 돈가스 좀 사주세요"라고 했다면 어땠을까요? 아마 그 아저씨는 '거참, 이상한 아이네?' 라며 피했을 것입니다. 아이가 그 아저씨에게 돈가스를 얻어먹으려면 끈질기게 따라다니며 설득해야 합니다. "아저씨, 제가 배가 너무 고프고요, 집이 어디인데요…" 하며 구구절절 설명해야 합니다. 왜냐하면 그 아저씨와 아이는 아무런 '관계'가 없기 때문입니다. 그건 '부탁'이라기 보다는 '설득'이라 할 수 있습니다.

우리가 기도할 때 중언부언하는 이유가 바로 여기에 있습니다. 하나님을 '옆집 아저씨' 정도로 생각하기 때문입니다. 그래서 내 사정을 모르실까 봐 불안해하며 했던 말을 또 하고 또 합니다. 나를 좋게 봐달라고 아부도 하고 때로는 불쌍한 척 연기도 합니다.

하지만 예수님은 단호하게 말씀하십니다. "너희는 기도할 때에 중언부언하지 말라… 구하기 전에 너희에게 있어야 할 것을 하나님 너희 아버지께서 아시느니라"(마 6:7-8).

당신이 기도하는 대상은 옆집 아저씨가 아닙니다. 바로 '아버지'입니다. 아버지는 자녀의 필요를 이미 알고 계십니다. 당신이 입을 떼기도 전에 무엇이 필요한지 간파하고 계십니다. 그러니 설득하려 애쓰지 마십시오. 거래하려 하지 마십시오. 그저 아버지의 이름을 부르며 품에 안기십시오.

'아빠' 라고 부르는 특권

예수님 당시 유대인들에게 하나님은 감히 이름을 부를 수도 없는 두렵고 먼 존재, 초월적인 분이셨습니다. 그런데 예수님은 충격적이게도 그 하나님을 '아버지(헬, 파테르)' 라고 부르라고 하십니다. 더 나아가 겟세마네 동산에서 기도하실 때는 '아빠(Abba)' 라고 부르짖으셨습니다.

사도 바울 역시 우리가 받은 영은 무서워하는 종의 영이 아니라 양자의 영이므로, 우리가 하나님을 '아빠 아버지' 라고 부르짖는다고(롬 8:15) 선포했습니다.

'아빠'는 어린아이가 아버지를 부르는 가장 친근하고 원초적인 호칭입니다. 세 살배기 아이가 퇴근하고 돌아온 아빠에게 "아버님, 기체후 일향 만강하옵시고 그간 평안하셨는지요"라고 인사한다면 얼마나 부자연스럽겠습니까? 아이는 그저 달려가서 "아빠!"하고 매달립니다.

하나님은 당신이 그토록 친밀하게 다가오기를 원하십니다. 기도는 격식을 차린 연설문이 아닙니다. 화려한 미사여구로 포장된 보고서도 아닙니다. 사랑하는 아빠와 나누는 친밀한 대화입니다.

기도의 문이 막혔다고 느껴질 때, 기도가 허공을 맴도는 것 같을 때, 모든 수식어를 내려놓고 그냥 한번 불러보십시오. "아빠!" 이 짧은 한마디에 당신의 신분이 담겨 있습니다. "나는 당신의 자녀이고 당신은 나의 아버지입니다." 이 관계의 확인이 기도의 시작이자 끝입니다.

상속자의 로그인

하지만 당신이 부르는 '아빠'는 단순히 친근하기만 한 무능력한 아버지가 아닙니다. 예수님은 '하늘에 계신' 우리 아버지라고 가르치셨습니다.

‘하늘에 계시다’는 것은 그분이 온 우주를 창조하고 다스리시는 초월적인 능력, 전지전능함을 가진 분임을 의미합니다. 땅의 모든 문제를 해결할 수 있는 능력을 갖춘 분이 바로 ‘내 아빠’라는 사실, 이것이 당신이 기도할 때 갖는 담대함의 근거입니다.

우리가 하나님을 아버지라 부른다는 것은, 곧 우리가 그분의 상속자라는 뜻입니다. 아이가 마트 앞을 지나가다가 “아빠, 나 저거 갖고 싶은데 돈이 없어”라고 말할 때, 아빠는 웃으며 사줍니다. 아이에게는 돈이 없지만, 아빠에게는 그 정도 사줄 돈이 충분히 있기 때문입니다. 아이는 아빠의 능력을 자신의 능력처럼 끌어다 씁니다. 이것이 상속자의 권리입니다.

기도는 피조물인 우리가 창조주 하나님의 무한한 자원과 부요함을 우리 삶으로 끌어오는 놀라운 행위입니다. 당신의 삶에 결핍이 있습니까? 지혜가 부족합니까? 능력이 모자랍니까? 걱정하지 마십시오. 우리 아버지는 하늘과 땅의 모든 것을 가지신 분입니다. 그분께 접속하십시오. 기도는 ‘내 힘’으로 해결할 수 없는 인생 문제 앞에서 ‘내 아버지’의 능력을 의지하는 것입니다.

이제 로그인을 시작하십시오

많은 성도가 기도의 자리에 앉아서도 여전히 ‘손님’처럼 행동합니다. 하나님 눈치를 보고 '내가 무엇을 해드려야 좋아하실까?' 고민합니다. 아닙니다. 당당해지십시오. 당신은 손님이 아니라 자녀입니다. 왕의 자녀가 왕궁에 들어갈 때 머뭇거립니까? 제 집 드나들 듯이 들어갑니다.

오늘 하루, 기도를 시작할 때 거창한 말을 다 제하고 예수님이 가르쳐 주신 이 영적 패스워드를 입력해 보십시오.

"하늘에 계신 우리 아빠, 아버지."

이 고백과 함께 당신은 이미 은혜의 보좌 앞으로 로그인되었습니다. 하나님의 무한한 사랑과 능력의 네트워크에 접속되었습니다. 이제 당신의 마음을 쏟아놓으십시오. 아빠가 듣고 계십니다.

더 깊은 묵상을 위한 질문

1. 당신에게 하나님은 어떤 이미지입니까? 두려운 심판자입니까, 무관심한 방관자입니까, 아니면 당신을 안아주시는 따뜻한 아빠입니까?

2. 최근 기도할 때 하나님께 솔직한 감정을 털어놓은 적이 있습니까? 아니면 점잖은 말로 자신을 포장하고 있지는 않습니까?

3. 당신이 하나님의 '상속자' 라는 사실이 오늘 당신의 기도에 어떤 변화를 줄 수 있을까요?

[한 줄 기도]

하나님, 멀게만 느껴졌던 당신을 이제 '아빠' 라 부릅니다.

나의 아빠가 되어 주셔서 감사합니다.

너는 나의 꽃이야

"여자들 중에 내 사랑은 가시나무 가운데 백합화 같도다"(아 2:2).

당신은 자신을 어떤 존재라고 생각하십니까?

어릴 때 부르던 동요 중에 이런 노래가 있습니다.

"당신은 누구십니까? 나는 OOO. 그 이름 아름답구나."

우리는 존재 자체로 귀하고 아름다운 사람입니다. 하지만 어른이 되면서 이 노래를 부르기가 점점 어려워집니다. 세상은 우리의 '존재'가 아니라 '기능'을 묻기 때문입니다. 연봉이 얼마인지, 직업이 무엇인지, 사는 아파트 평수가 얼마인지로 점수를 매깁니다.

우리나라처럼 호칭 문화가 발달한 곳도 드뭅니다. 외국에서는 아무리 높은 사람이라도 서로 이름을 부르는 경우가 대부분인데,

우리는 사장님, 과장님, 박사님, 목사님 등 직함으로 부릅니다. 그러다 보니 직함이 사라지면 내 존재도 사라지는 것 같은 공허함을 느낍니다.

제가 아는 어느 집사님은 벤처기업 사장님이셨는데, 회사가 어려워져 문을 닫게 되자 너무나 힘들어하셨습니다. 단순히 돈을 잃어서가 아닙니다. '사장'이라는 타이틀이 사라지니 "나는 도대체 누구인가?"라는 존재론적 위기가 찾아온 것입니다.

사회학자 조지 허버트 미드는 우리가 '일반화된 타자(Generalized Other)'의 시선에 갇혀 산다고 말했습니다. 존재하지도 않는 누군가의 눈치를 보며 세상이 정해놓은 기준에 맞춰 살아갑니다. 남들의 평가를 신경 쓰고 나를 증명해야만 한다는 강박에 늘 쫓기듯 살아갑니다.

"더 성공해야 해, 더 예뻐져야 해, 더 능력을 갖춰야 해."

자신을 스스로 무한 경쟁으로 몰아세우며 채찍질합니다.

그러나 성경은 우리에게 기도라는 안경을 쓰고 세상과 나를 바라보라고 말합니다. 기도하는 시간은 세상의 평가가 아닌, 하나님의 평가를 듣는 시간입니다. 하나님께 기도로 로그인하는 순간, 우리는 세상이 결코 말해주지 않는 나의 진짜 정체성을 발견하게 됩니다.

너는 가시나무 가운데 백합화

성경 〈아가서〉는 '노래 중의 노래(Song of Songs)'라는 뜻입니다. 솔로몬 왕과 술람미 여인의 사랑 이야기지만, 영적으로는 하나님과 우리 사이의 사랑 노래로 해석할 수 있습니다. 하나님께서 우리를 얼마나 사랑하시는지 노래로 들려주고 싶으셨던 것입니다.

아가서에서 하나님은 우리를 어떻게 부르실까요?

"나의 사랑, 내 어여쁜 자야."

"너는 어여쁘고 화창하다."

하나님 눈에는 당신이 너무나 사랑스럽고 예뻐 보인다는 것입니다. 그런데 냉정하게 우리의 현실을 돌아봅시다. 술람미 여인의 고백처럼 우리는 "게달의 장막" 같습니다(아 1:5). 햇볕에 그을려 거무스름하고, 볼품없는 염소 털 텐트처럼 초라합니다. 죄로 얼룩지고 상처투성이인 우리의 모습입니다.

자신을 평가할 때도 마찬가지입니다. 술람미 여인은 자신을 "사론의 수선화요 골짜기의 백합화(아 2:1)"라고 말합니다. 여기서 수선화와 백합화는 귀한 꽃이 아닙니다. 들판에 지천으로 널린 흔하디흔한 들꽃입니다. "나는 특별할 것 없는, 그저 그런 평범한 사람일 뿐이에요"라는 자조 섞인 고백입니다.

하지만 하나님의 평가는 다릅니다. "여자들 중에 내 사랑은 가시나무 가운데 백합화 같구나"(아 2:2).

주님은 당신을 수많은 들꽃 중 하나(One of them)로 보지 않으십니다. 거친 가시나무들 틈에서 홀로 고고하게 피어난, 유일하고 특별한(The Only One) 백합화로 보십니다.

"너는 평범하지 않아. 너는 내게 하나뿐인 사랑이야. 세상 사람들은 너를 가시나무 취급할지 몰라도, 내 눈에 너는 가장 아름다운 꽃이야."

이것이 당신을 향한 하나님의 시선입니다.

포도주보다 진한 사랑

하나님의 사랑을 깨닫게 되면, 우리의 갈망(Desire)이 바뀝니다. 술람미 여인은 고백합니다.

"네 사랑이 포도주보다 낫구나"(아 1:2).

이스라엘에서 포도주는 풍요와 기쁨의 상징입니다. 사람들은 저마다 인생의 포도주를 구하며 살아갑니다. 돈이라는 포도주, 성공이라는 포도주, 쾌락이라는 포도주가 내 잔에 가득 차기를 바랍니다. 그것이 나를 행복하게 해줄 것이라 믿기 때문입니다.

하지만 하나님의 사랑을 맛본 사람은 압니다. 세상의 그 어떤 달콤한 포도주도 주님의 사랑이 주는 기쁨과 비교할 수 없다는 것을요. 다윗도 이렇게 노래했습니다.

"주께서 내 마음에 두신 기쁨은 그들의 곡식과 새 포도주가 풍성할 때보다 더하니이다"(시 4:7).

당신은 지금 무엇을 갈망하고 있습니까?

마음이 허전해서 자꾸만 세상의 포도주를 찾고 있지는 않습니까? 더 많은 돈, 더 높은 지위를 얻으면 행복할 것 같지만, 막상 얻어보면 잠시뿐이고 다시 목이 마릅니다. 순서가 바뀌어야 합니다. 포도주를 먼저 구하지 말고 주님의 사랑을 먼저 구하십시오. 주님의 사랑으로 내면이 채워지면 세상의 것들은 있어도 그만 없어도 그만인 상대적인 것이 됩니다. 그때 비로소 우리는 세상의 평가로부터 자유로워집니다.

작은 여우를 잡으라

사랑은 쌍방통행입니다. 하나님은 우리를 짝사랑하기를 원치 않으십니다. 주님은 말씀하십니다.

"나의 비둘기야 내가 네 얼굴을 보게 하라. 네 소리를 듣게 하라"(아 2:14).

우리는 힘들고 어려우면 바위 틈 낭떠러지 같은 곳에 숨어버립니다. 부끄러워서, 죄송해서 하나님을 피합니다. 하지만 하나님은 당신이 숨지 않기를 원하십니다. 있는 모습 그대로 나와서 얼굴을 보여주고, 목소리를 들려주기를 간절히 기다리십니다. 그것이 바로 기도입니다.

주님과의 사랑을 방해하는 것은 거창한 것이 아닙니다. "우리를 위하여 여우 곧 포도원을 허는 작은 여우를 잡으라"(아 2:15)고 하셨습니다.

사자나 곰이 아닙니다. 아주 작고 귀여워 보이는 여우입니다. 우리 신앙을 무너뜨리는 것은 거대한 핍박이 아니라, 사소한 게으름, 작은 거짓말, 미움, 서운함 같은 감정들입니다. "이 정도는 괜찮겠지" 하고 내버려 둔 작은 옛 습관들이 하나님과의 친밀함을 갉아먹습니다.

오늘 기도의 자리에서 마음의 포도원을 점검해 보십시오. 하나님과 나 사이를 가로막는 작은 여우는 무엇입니까? 그것을 잡아내고 다시 주님의 품으로 달려가십시오.

제가 얼마 전 〈너는 꽃이야〉라는 찬양을 들으며 밤늦게 눈시울이 뜨거워졌던 적이 있습니다. 흥겹고 즐거운 노래인데 깊은 감동으로 다가왔습니다. 가사 중에 "너는 자유해"라는 부분이 마음에 깊이 박혔습니다.

세상의 평가로부터, 사람들의 시선으로부터, 나의 못난 자아로부터 우리는 자유할 수 있습니다. 왜냐하면 우주를 만드신 하나님이 나를 "나의 사랑, 내 어여쁜 자"라고 부르시기 때문입니다.

기도는 이 음성을 듣는 시간입니다. 세상의 소음을 차단하고 하나님의 사랑 고백에 귀를 기울이십시오.

"너는 내게 가장 소중한 꽃이란다."

이 한마디가 당신의 무너진 자존감을 일으키고 당신의 존재를 새롭게 할 것입니다.

더 깊은 묵상을 위한 질문

1. 당신은 나 자신을 '게달의 장막' 처럼 초라하게 평가하고 있습니까, 아니면 하나님의 시선으로 '백합화' 처럼 귀하게 여기고 있습니까?

2. 하나님과 당신 사이의 친밀함을 방해하는 당신 안의 '작은 여우(사소한 죄, 나쁜 습관, 감정)' 는 무엇입니까?

[한 줄 기도]

주님, 세상의 기준에 갇혀 나를 초라하게 여겼던 모습을 회개합니다. 기도를 통해 나를 꽃보다 아름답게 보시는 주님의 사랑 안에서 참된 자유와 기쁨을 누리게 하옵소서.

내 의가 아닌 십자가의 공로로

"하나님이여 불쌍히 여기소서. 나는 죄인이로소이다"(눅 18:13).

하나님께 로그인하기 위해 '아버지'라는 패스워드를 입력했다면 이제 그분 앞에 어떤 모습으로 서야 할지를 생각해야 합니다.

많은 사람이 기도하러 갈 때 무언가 '자격'을 갖춰야 한다고 생각합니다.

"내가 이번 주에는 성경도 많이 읽고 봉사도 했으니, 기도를 잘 들어주시겠지?"

반대로 "이번 주는 죄도 많이 짓고 게을렀으니, 기도가 안 될 거야"라고 알아서(?) 포기하기도 합니다.

예수님은 성전에 기도하러 올라간 두 사람의 비유를 통해 우리가 붙들어야 할 진짜 기도의 자격이 무엇인지 명확하게 보여주십니다.

자기 의(義)에 빠진 로그인 실패

성전에 기도하러 올라간 두 사람이 있습니다. 한 명은 바리새인이고 다른 한 명은 세리입니다. 당시 바리새인은 율법을 철저히 지키는 가장 경건한 종교인이었고 세리는 로마에 빌붙어 동족의 돈을 갈취하는 매국노, 즉 죄인의 대명사였습니다.

바리새인의 기도를 들어봅시다. 그는 성전 한복판에 서서 '따로' 기도합니다.

"하나님, 저는 다른 사람들, 곧 토색이나 불의나 간음을 하는 자들과 같지 않고 이 세리와도 같지 않음을 감사하나이다"(눅 18:11).

그의 기도는 하나님을 향한 것 같지만, 실상은 자신을 향한 자화자찬에 불과합니다. 그는 기도의 자리에서조차 다른 사람과 자신을 비교하며 우월감을 느낍니다. "나는 일주일에 두 번 금식하고 또 소득의 십일조를 꼬박꼬박 드립니다." 물론 금식과 십일조는 귀한 신앙의 행위입니다. 예수님도 이를 행하는 것 자체를 나무라지 않으셨습니다. 하지만 이 바리새인의 치명적인 문제는 그 귀한 종교적 행위가 자기 자랑과 자기 의(義)가 되어버렸다는 데 있습니다.

우리가 기도할 때 가장 경계해야 할 것이 바로 이것입니다.

"내가 남들보다 더 열심히 헌신했으니, 내가 이만큼 공로를 세웠으니, 하나님은 내 기도를 들어주셔야 해."

자기 열심과 공로를 내세우는 순간, 기도는 하나님과의 대화가 아니라 '거래 수단'으로 전락하고 맙니다. 자기 의를 의지하는 순간, 하나님께로의 로그인은 실패합니다. 왜냐하면 하나님은 교만한 자를 물리치시기 때문입니다.

"나를 불쌍히 여기소서"

반면 세리의 기도는 어떻습니까? 그는 감히 성전 가까이 가지도 못하고 멀리 서서 하늘을 쳐다보지도 못합니다. 다만 가슴을 치며 이렇게 고백합니다.

"하나님, 불쌍히 여기소서. 나는 죄인이로소이다"(눅 18:13).

그는 철저히 자신을 낮춥니다. 남들과 비교하거나 변명하지도 않습니다. "저 사람보다는 내가 낫잖아요"라고 말하지 않습니다. 오직 하나님의 긍휼하심만을 간절히 구합니다.

여기서 세리가 사용한 "불쌍히 여기소서"라는 말은 헬라어로 '힐라스코마이'입니다. 이는 단순히 감정적으로 동정해 달라는 뜻이 아닙니다. 구약에 나오는 대속죄일의 제사와 관련된 제의적인 단어입니다. 정확히 번역하면 "나를 위해 속죄 제물이 되어 주십시오", "제사를 통해 진노를 거두고 용서해 주십시오"라는 뜻입니다.

세리는 알았습니다. 자신의 공로와 행위로는 도저히 거룩하신 하나님께 나아갈 자격이 없음을 뼈저리게 느꼈습니다. 오직 누군가의 희생, 대속의 은혜가 있어야만 하나님 앞에 설 수 있음을 알았던 것입니다. 그는 자신의 의가 아니라 하나님의 자비를 의지했습니다.

기도의 유일한 근거, 십자가

예수님은 결론을 내리십니다. 하나님은 자기를 의롭다고 믿는 바리새인이 아니라, 자신을 죄인이라 고백하며 엎드린 세리를 의롭다 하시고 그의 기도를 받으셨습니다. 이 비유가 당신에게 주는 메시지는 무엇입니까? 당신이 하나님께 나아갈 수 있는 근거는 당신의 '어떠함'에 있지 않다는 것입니다. 당신이 쌓아 올린 업적, 당신이 바친 헌금, 당신의 종교적 열심이 기도의 응답을 보장하지 않습니다. 기도의 유일한 근거는 오직 예수 그리스도의 십자가 공로입니다.

예수님께서 십자가에 달리셨을 때, 그 옆에는 흉악한 강도가 함께 매달려 있었습니다(눅 23장). 그는 평생 죄만 짓고 살았던 사람입니다. 내세울 공로라고는 먼지 한 톨만큼도 없는 사람입니다. 하지만 그가 죽음의 문턱에서 예수님께 간청합니다. "예수여, 당신의 나라에 임하실 때에 나를 기억하소서"(눅 23:42). 그때 예수님은 주저 없이 말씀하십니다. "내가 진실로 네게 이르노니 오늘 네가 나와 함께 낙원에 있으리라"(눅 23:43).

이것이 복음입니다. 이것이 우리가 붙들어야 할 기도의 자격입니다. 평생 죄인으로 살았던 강도라도, 예수님의 이름을 의지하여 궁휼을 구하면 곧바로 응답받습니다.

기도의 자리에 나아올 때, 스스로 자격을 검열하지 마십시오.

"나 같은 사람이 기도해도 될까?"

"내가 지은 죄가 많은데 하나님이 들어주실까?"

그렇습니다. 들어주십니다. 왜냐하면 하나님은 당신의 행위가 아니라 당신을 위해 피 흘리신 예수 그리스도를 보고 당신을 받아 주시기 때문입니다.

부족해도 괜찮습니다. 연약해도 괜찮습니다. 실패하고 넘어졌어도 괜찮습니다. 있는 모습 그대로 십자가 앞에 나아가 "주여, 나를 불쌍히 여겨 주옵소서"라고 고백하십시오. 뻔뻔해 보일지라도 예수님의 이름을 내미십시오. 그때 하나님은 당신을 의롭다 안아주시고 닫혔던 기도의 문을 활짝 열어주십니다.

더 깊은 묵상을 위한 질문

1. 당신의 기도를 돌아봅시다. 혹시 무의식중에 "내가 이만큼 했으니 들어주셔야 해"라는 보상 심리가 숨어 있지는 않습니까?

2. 오늘 기도의 자리에서 다른 미사여구 대신 세리의 기도를 드려봅시다. "하나님, 저를 불쌍히 여겨 주십시오." 이 고백 속에 담긴 십자가의 은혜를 묵상해 봅시다.

[한 줄 기도]

나의 의가 되시는 주님, 빈손 들고 십자가 앞에 나아갑니다. 오직 예수님의 공로를 의지하여 기도하오니 나를 받아주시옵소서.

하늘길을 여는 새로운 살길

"그러므로 형제들아. 우리가 예수의 피를 힘입어 성소에 들어갈 담력을 얻었나니 그 길은 우리를 위하여 휘장 가운데로 열어 놓으신 새로운 살길이요. 휘장은 곧 그의 육체니라"(히 10:19-20).

우리가 하나님을 아버지라 부르며 기도할 수 있는 것, 그리고 나의 공로가 아닌 십자가의 은혜로 나아가는 것, 이 모든 것이 가능해진 결정적인 순간이 있습니다.

바로 2천 년 전 골고다 언덕, 예수님께서 십자가에서 숨을 거두시던 그 순간입니다. 기도의 문이 어떻게 열리게 되었는지 그 치열했던 현장으로 들어가 보겠습니다.

엘리 엘리 라마 사박다니

예수님이 십자가에 달리셨을 때, 정오가 되었음에도 온 땅에 갑자기 칠흑 같은 어둠이 임했습니다. 성경에서 하나님은 빛이시라고 했습니다. 그런데 가장 밝아야 할 대낮에 어둠이 임했다는 것은, 빛이신 하나님께서 그 아들을 외면하고 떠나셨음을 상징합니다.

그때 예수님은 절규하셨습니다. "엘리 엘리 라마 사박다니." 나의 하나님, 나의 하나님, 어찌하여 나를 버리셨나이까.

이것은 단순한 육체의 고통을 넘어서는 절규였습니다. 영원 전부터 성부 하나님과 단 한 번도 떨어진 적 없었던 성자 예수님이 처음으로 관계의 단절을 경험하는 끔찍한 영적 고통이었습니다. 겟세마네 동산에서 "아빠 아버지"라고 부르셨던 예수님이 이 순간만큼은 하나님을 아버지가 아닌 "나의 하나님"이라 부르며 절규하십니다. 하나님은 왜 사랑하는 아들의 손을 차갑게 놓으셔야 했을까요? 왜 아들의 부르짖음에 침묵하셔야 했을까요?

이유는 단 하나, 바로 우리 때문입니다. 죄인인 우리가 받아야 할 버림받음을 예수님이 대신 당하신 것입니다. 하나님은 거룩하신 분이기에 죄를 차마 보지 못하십니다. 하지만 우리를 너무나 사랑하셨기에, 우리 죄를 짊어지신 아들을 십자가에서 외면하고 대신 우리를 품으셨습니다. 예수님이 하나님으로부터 끊어짐을 당하셨기에, 우리가 하나님과 연결될 수 있게 되었습니다.

찢어진 휘장, 스키조(Schizo)

예수님께서 "다 이루었다" 하시며 운명하시는 그 순간, 예루살렘 성전에서 놀라운 일이 벌어졌습니다. 성소의 휘장이 위로부터 아래까지 찢어져 둘이 된 것입니다. 성소의 휘장은 거룩하신 하나님이 계신 지성소와 사람 사이를 가로막는 두꺼운 장벽이었습니다. 아무나 그 휘장 안으로 들어갈 수 없었습니다. 오직 대제사장만이 일 년에 단 한 번, 대속죄일에 짐승의 피를 들고 두려움에 들어갈 수 있었던 금단의 구역이었습니다.

그런데 그 휘장이 찢어졌습니다. 성경은 휘장이 찢어졌다는 표현을 헬라어로 '스키조' 라고 기록합니다. '갈라지다, 쪼개지다' 라는 뜻입니다. 마가복음 1장에서 예수님이 세례받으실 때 하늘이 갈라졌다(스키조)고 했는데 마가복음 15장, 마지막 순간에는 땅의 성전 휘장이 갈라졌습니다. 예수님의 육체가 십자가에서 찢어짐으로, 하나님께 나아가는 길을 막고 있던 담이 허물어졌습니다. 하늘의 문이 열린 것입니다. 이제는 특정한 사람만이 아니라 예수님을 믿는 누구든지 하나님께 나아갈 수 있는 새롭고 산 길이 열렸습니다.

은혜의 보좌 앞으로 로그인하라

히브리서 기자는 이 사건 때문에 우리가 '은혜의 보좌 앞에 담대히 나아갈' 수 있다고 선포합니다. 과거에는 죄인이 하나님 앞에 나아가면 죽을 수밖에 없었습니다. 두려움 속에 머뭇거려야 했습니다. 하지만 이제는 다릅니다. 예수님의 피를 힘입어 당당하게 로그인할 수 있습니다. 나의 영적 상태가 어떠하든, 내가 가진 자격이 어떠하든 상관없습니다. 우리에게는 영원한 대제사장 되신 예수님이 계시기 때문입니다.

기도는 이 열린 하늘길을 걷는 것입니다. 예수님이 자기 몸을 찢어 열어 놓으신 그 길을 따라 아버지 품으로 직행하는 것입니다. 더 이상 누군가에게 기도를 부탁하며 대리 만족을 느낄 필요가 없습니다. "목사님, 저 대신 기도해 주세요"라고 말하며 뒤로 숨지 마십시오. 물론 누군가에게 기도 부탁하는 것도 때로 필요하지만, 우리 각자에게는 하나님께 직접 접속할 수 있는 VIP 권한이 주어졌습니다.

"예수님의 이름으로 기도합니다." 우리가 기도의 끝에 붙이는 이 문장은 단순한 '주문(?)'이 아닙니다. 예수님이 열어 놓으신 길을 통해, 예수님의 자격을 빌려 하나님께 나아간다는 위대한 신앙 고백입니다.

오늘도 삶이 고단하고 힘겹습니까? 그렇다면 주저하지 말고 은혜의 보좌 앞으로 나아가십시오. 그곳에는 때를 따라 돕는 은혜가 예비되어 있습니다. 찢어진 휘장 사이로 우리를 부르시는 아버지의 음성을 듣는 시간이 되기를 바랍니다.

더 깊은 묵상을 위한 질문

1. 예수님께서 우리를 위해 하나님과의 단절을 경험하셨다는 사실이 당신에게
   어떤 의미로 다가옵니까?

2. 휘장이 찢어졌음에도 불구하고 여전히 하나님께 나아가는 것을 주저하게 만
   드는 당신 마음의 장벽은 무엇입니까?

[한 줄 기도]

나를 위해 십자가에서 육체를 찢으시고 새로운 살길을 열어주신
주님, 이제 두려움 없이 은혜의 보좌 앞으로 나아갑니다.

나의 의가 되시는 주님,
빈손 들고 십자가 앞에 나아갑니다.
오직 예수님의 공로를 의지하여 기도하오니
나를 받아주시옵소서.

"
다윗이 여호와께 묻자와 이르되
내가 가서 이 블레셋 사람들을 치리이까. 삼상 23:2.
"

—

주피수
: 하나님의 뜻을 묻다

내 계획이 막히고 꼬일 때

"사람이 마음으로 자기의 길을 계획할지라도 그의 걸음을 인도하시는 이는 여호와시니라"(잠 16:9).

우리는 살아가면서 수많은 계획을 세웁니다. 새해가 되면 다이어리에 빼곡하게 목표를 적고 사업 계획을 세우고 자녀 양육 계획을 세웁니다. 그리고 그 계획이 차질 없이 진행되기를 위해 간절히 기도합니다. 그런데 열심히 기도하며 준비했는데도 길이 막힐 때가 있습니다. 도무지 문이 열리지 않고 사방이 꽉 막힌 것 같은 답답한 상황을 만납니다. 그때 우리는 어떻게 해야 할까요?

내 계획과 하나님의 뜻은 다를 수 있다

사도 바울은 위대한 전도자이자 탁월한 전략가였습니다. 그는 2차 선교 여행을 계획하면서 아시아 지역, 지금의 튀르키예 서부 지역을 복음화하려는 원대한 꿈을 꾸었습니다. 이미 1차 여행 때 세운 교회들이 부흥하고 있었기에, 그곳을 더 집중적으로 공략하는 것은 지극히 합리적이고 타당한 계획이었습니다.

그런데 이상한 일이 벌어집니다. 성경은 "성령이 아시아에서 말씀을 전하지 못하게 하시거늘"이라고 기록합니다. 사탄이 막은 것이 아닙니다. 핍박자들이 막은 것도 아닙니다. 놀랍게도 성령께서 막으셨습니다. 바울 입장에서는 무척 당혹스러웠을 것입니다. 나쁜 짓을 하러 가는 것도 아니고 복음을 전하러 가는데, 왜 하나님이 막으시는 걸까요?

길이 막히자 바울은 방향을 틀어봅니다. 북쪽 비두니아로 가려고 애를 씁니다. 하지만 이번에도 "예수의 영이 허락하지 아니하시는지라"라고 성경은 말합니다. 동쪽도 막히고 북쪽도 막혔습니다. 남쪽은 바다입니다. 갈 수 있는 곳은 서쪽, 드로아 항구밖에 없었습니다.

바울은 이 과정에서 깊은 고민에 빠졌을 것입니다.

"내 기도가 부족한가?"

"내가 하나님의 뜻을 잘못 알고 있었나?"

답답한 마음으로 드로아까지 밀려갔습니다. 그리고 그날 밤, 환상 중에 마게도냐 사람 하나가 나타나 "건너와서 우리를 도우라" 하며 손짓하는 것을 봅니다.

그제야 바울은 깨달았습니다. 하나님의 계획은 아시아가 아니라 유럽(마게도냐)에 있었다는 것을 말입니다. '내 계획'은 아시아였지만, 하나님의 뜻은 유럽이었습니다. '내 생각'에는 지금이 적기였지만, 하나님은 다른 타이밍을 보고 계셨습니다.

막으시는 것도 인도하심이다

우리는 흔히 일이 술술 잘 풀리면 '하나님의 응답'이라 하고, 길이 막히면 '하나님의 거절'이나 '실패'라고 생각합니다. 하지만 바울의 여정을 보면 그렇지 않습니다. 길이 막히는 것조차 하나님의 인도하심의 일부였습니다.

만약 바울이 고집을 부려 아시아 선교를 강행했다면 어떻게 되었을까요? 유럽 선교의 문은 훨씬 늦게 열렸을 것이고 세계 선교 역사는 다르게 쓰였을지도 모릅니다. 하나님은 더 큰 그림, 더 위대한 계획을 가지고 계셨기에 바울의 길을 막으신 것입니다.

기도하면서 나아갔는데 길이 막혔습니까? 사업이 뜻대로 되지 않고 입시나 취업의 문이 닫혔습니까? 낙심하지 마십시오. 그것은 실패가 아닙니다. 하나님께서 당신의 핸들을 돌리고 계신 것입니다. "이 길이 아니야. 내가 너를 위해 더 좋은 길을 준비했어"라고 말씀하시는 하나님의 사인(Sign)일 수 있습니다.

하나님 안에서 우리 인생에 궁극적인 실패는 없습니다. 잠시 길이 막히는 것은 방향이 수정되는 과정일 뿐입니다. 막힌 길 앞에서 주저앉아 울기보다, 하나님이 열어주실 새로운 문을 기대하며 눈을 들어야 합니다.

기도로 길을 찾는 법

길이 막혔을 때 바울이 보여준 태도는 우리에게 중요한 교훈을 줍니다. 그는 포기하지 않고 끊임없이 움직였습니다. 아시아가 막히니 비두니아로 가보려 했고, 거기도 막히니 무시아를 지나 드로아까지 갔습니다.

어떤 분들은 "하나님의 뜻이라면 가만히 있어도 알아서 인도해 주시겠지"라며 아무것도 안 하고 기다리기만 합니다. 하지만 인도는 움직이는 자동차의 핸들을 돌릴 때 일어납니다. 주차된 차의 핸들을 아무리 돌려봤자 방향은 바뀌지 않습니다.

기도하면서 이것저것 시도해 보십시오. 두드려 보십시오. 그러다 보면 하나님께서 "여기는 아니다", "저기로 가라" 하시며 세밀하게 지도하실 것입니다. 바울처럼 성령 안에서 치열하게 고민하고 애쓰는 과정 가운데 우리는 하나님의 뜻을 분별하는 영적 감각을 익히게 됩니다.

인생의 내비게이션은 하나님이 쥐고 계십니다. 우리가 운전석에서 내려와 조수석에 앉을 때, 비로소 가장 안전하고 빠른 길이 열립니다. '내 계획'이 무너진 그 자리에서 하나님의 위대한 계획이 시작됨을 믿으십시오.

더 깊은 묵상을 위한 질문

1. 인생에서 자기 계획대로 되지 않아서 좌절했으나 지나고 보니 그것이 하나님의 더 좋은 인도하심이었음을 깨달았던 경험이 있습니까?

2. 지금 꽉 막혀 있다고 느끼는 문제는 무엇입니까? 그 막힘을 통해 하나님이 당신에게 원하시는 방향 전환은 무엇일지 묵상해 봅시다.

[한 줄 기도]

나보다 나를 더 잘 아시는 하나님, 내 뜻이 꺾인 자리에 하나님의 뜻을 심어 주시고 막힌 길 앞에서 낙심하기보다 주님이 여실 새 길을 기대하게 하옵소서.

질문이 많은 기도가 안전합니다

"다윗이 여호와께 묻자와 이르되 내가 가서 이 블레셋 사람들을 치리이까"(삼상 23:2).

인생은 B(Birth)와 D(Death) 사이의 C(Choice)라는 말이 있습니다. 그만큼 우리 삶은 태어나서 죽을 때까지 끊임없는 '선택'의 연속입니다. 오늘 점심때 무엇을 먹을까 하는 가벼운 고민부터, 어떤 직장에 들어갈지, 누구와 결혼할지, 은퇴 후에는 어떻게 살아야 할지 결정해야 하는 무거운 주제들까지, 우리는 매일 수십 가지의 갈림길 앞에 섭니다.

이 선택의 순간마다 우리는 누구에게 묻습니까? 자기 경험입니까? 아니면 인터넷 검색이나 전문가의 조언입니까? 물론 참고할 수는 있습니다. 하지만 우리 인생의 항로를 가장 잘 알고 계신 분은 하나님이십니다. 그렇기에 가장 안전한 선택은 선장 되시는 하나님께 묻는 것입니다.

오늘 우리는 성경 인물 중에서 가장 질문이 많았던 사람, 다윗을 만나보려 합니다. 그는 쫓기는 위급한 상황 속에서도 멈춰 서서 하나님께 묻고 또 물었습니다. 그가 왜 그렇게 질문쟁이가 되었는지, 그리고 그 질문이 그의 인생을 어떻게 구원했는지 깊이 들여다보겠습니다.

단순했던 시절에는 묻지 않았다

다윗은 원래부터 매사 하나님께 시시콜콜 묻는 사람은 아니었습니다. 사무엘상 23장 이전의 기록을 살펴보면, 다윗이 어떤 결정을 내릴 때 하나님께 묻는 장면은 거의 등장하지 않습니다. 그가 믿음이 없어서였을까요? 아닙니다. 그는 소년 시절부터 곰과 사자를 때려잡을 만큼 야성이 있었고 골리앗 앞에서도 물러서지 않는 담대한 믿음의 소유자였습니다.

그렇다면 왜 묻지 않았을까요? 이유는 간단합니다. 당시 그의 삶이 단순하고 명확했기 때문입니다. 아버지 이새가 "가서 양을 치라" 하면 성실하게 양을 돌보면 됩니다. 전쟁터에 심부름하러 갔다가 골리앗이 하나님을 모욕하는 것을 보았을 때는 고민할 필요가 없었습니다. 물맷돌을 들고 나가 싸우는 것이 너무나 당연한 하나님의 뜻이었기 때문입니다. 인생이 단순할 때는 복잡하게 물을 필요가 없습니다. 그저 주어진 길을 성실하게 걸어가면 됩니다.

하지만 세월이 흐르고 나이가 들면서 다윗은 깨닫게 됩니다. "아, 세상이 내 생각처럼 단순하지 않구나." 그는 영웅이 되었지만 동시에 사울 왕의 시기를 받아 도망갈 수밖에 없는 현상범이 되었습니다. 억울한 오해를 받았고 자신을 도와준 제사장들이 몰살당하는 비극도 겪었습니다. 산전수전을 겪으며 인생의 쓴맛을 본 것입니다.

게다가 지금 다윗은 혼자가 아닙니다. 아둘람 굴로 도망친 그에게 오갈 데 없는 사람들이 하나둘 모여들었습니다. 빚진 자, 마음이 원통한 자, 환난 당한 자… 그렇게 모인 사람이 무려 400명, 나중에는 600명이 되었습니다.

이제 다윗은 한 몸 건사하면 되는 청년이 아니라, 거대한 공동체를 책임져야 하는 리더가 되었습니다. 그의 결정 하나에 600명과 그들에게 딸린 가족의 생사가 달려 있습니다. 어디로 가야 식량을 구할 수 있을지, 어디가 사울의 추격으로부터 안전할지, 돌발 변수가 너무 많습니다. 자기 지혜와 경험만으로는 도저히 감당할 수 없는 복잡한 현실 앞에 서게 된 것입니다.

바로 그때부터 다윗에게 거룩한 습관이 생깁니다. 그것은 바로 '하나님께 묻는 것'입니다. 그는 자신의 한계를 인정하고 전능하신 하나님의 지혜를 빌리기로 작정한 것입니다.

내 상식을 뛰어넘는 하나님의 뜻

어느 날 다윗에게 다급한 첩보가 들어옵니다. 블레셋 군대가 그일라 마을을 침략하여 타작마당을 약탈하고 있다는 소식이었습니다. 그일라는 유다 지파에 속한 동족의 마을입니다. 추수한 곡식을 다 빼앗기고 굶어 죽게 생긴 동족들의 비명이 다윗의 귓가에 맴돌았을 것입니다. 이때 다윗은 하나님께 묻습니다.

"다윗이 여호와께 묻자와 이르되 내가 가서 이 블레셋 사람들을 치리이까"(삼상 23:2).

잠시 냉정하게 생각해 봅시다. 이것이 물어볼 만한 질문입니까? 상식적으로 답은 이미 나와 있습니다. '아니요'입니다. 절대 가서는 안 됩니다. 지금 다윗의 코가 석 자입니다. 사울 왕의 추적을 피해 숨어 지내는 도망자 신세입니다. 600명의 오합지졸을 데리고 정규군인 블레셋과 싸운다는 것은 달걀로 바위 치기입니다. 게다가 전쟁하느라 소란을 피우면 사울 왕에게 "나 여기 있소"라고 광고하는 꼴이 됩니다. 위치가 발각되면 다윗은 독 안에 든 쥐가 됩니다.

다윗의 참모들도 펄쩍 뛰며 말렸습니다. "보소서 우리가 유다에 있기도 두렵거늘 하물며 그일라에 가서 블레셋 사람들의 군대를 치는 일입니까? 이건 자살 행위입니다!"(삼상 23:3). 지극히 이성적이고 타당한 조언입니다. 리더라면 마땅히 부하들의 안전을 먼저 생각해야 합니다. 하지만 다윗은 사람들의 만류에도 불구하고 다시 한번 하나님께 묻습니다.

왜 그랬을까요? 다윗은 알았기 때문입니다. 사람의 상식과 하나님의 뜻은 다를 수 있다는 것을 말입니다. 내 계산기로는 '마이너스'지만, 하나님이 원하시면 그것이 '플러스'가 될 수 있음을 믿었기 때문입니다. 하나님은 다윗에게 분명하게 말씀하십니다.

"일어나 그일라로 내려가라. 내가 블레셋 사람들을 네 손에 넘기리라"(삼상 23:4).

다윗은 자신의 상식, 군사적 열세, 참모들의 반대를 모두 내려놓고 오직 하나님 말씀에 순종했습니다. 그 결과는 어땠을까요? 대승리였습니다. 블레셋을 물리치고 그일라 주민들을 구원했을 뿐만 아니라, 많은 가축과 전리품을 얻어 600명의 식솔을 먹일 수 있게 되었습니다.

기도는 '내 생각'을 확인받는 요식 행위가 아닙니다. 내 상식, 내 경험, 내 두려움을 내려놓고 하나님의 뜻을 구하는 치열한 과정입니다. 길이 없어 보여도 하나님께 묻고, 그분이 가라 하시면 가는 것이 가장 안전한 길입니다.

묻는 자에게 주시는 피할 길

하나님 말씀대로 순종해서 그일라 백성을 구했습니다. 그러면 이제 해피엔딩이어야 하지 않을까요? "역시 다윗이다!" "하나님이 함께하신다!"라는 찬사가 쏟아져야 할 것 같습니다. 그런데 현실은 냉혹했습니다. 사울 왕이 그일라 성안에 다윗이 있다는 소식을 듣고 쾌재를 부르며 군대를 몰고 온다는 첩보가 입수됩니다. "이제, 다윗은 독 안에 든 쥐다! 하나님이 그를 내 손에 넘기셨도다"라며 사울은 포위망을 좁혀옵니다.

다윗은 또다시 선택의 기로에 섭니다. 그일라에 남아서 항전할 것인가, 아니면 다시 광야로 도망칠 것인가? 인간적으로 생각하면 남는 게 유리합니다. 그일라는 요새입니다. 게다가 다윗은 그일라 사람들의 생명을 구해준 은인입니다. 그들이 설마 다윗을 배신하겠습니까? '우리가 다윗을 지키자!' 라며 함께 싸워줄 것이라 기대하는 게 인지상정입니다. 하지만 다윗은 자신의 기대나 사람의 의리를 믿지 않았습니다. 그는 감정에 치우치지 않고 냉철하게 하나님께 다시 묻습니다.

"그일라 사람들이 나를 사울의 손에 넘기겠나이까? 사울이 내려

오겠나이까?"(삼상 23:11).

하나님의 대답은 충격적이었습니다.

"그가 내려올 것이다. 그리고 그일라 사람들이 너를 넘겨줄 것이다."

목숨 걸고 구해줬더니 배신이라니요. 다윗은 억울함에 치를 떨며 그일라 사람들에게 따질 수도 있었습니다. "내가 당신들을 어떻게 구해줬는데 이럴 수 있습니까?"라며 분노할 수도 있었습니다. 하지만 다윗은 미련 없이 그 자리를 떠납니다. 사람에 대한 원망이나 배신감에 사로잡혀 시간을 낭비하지 않습니다. 하나님의 정보가 가장 정확함을 신뢰하고 즉시 피할 길을 택합니다.

이것이 기도하는 사람의 특권입니다. 하나님께 묻는 자는 막다른 골목에서도 길을 잃지 않습니다. 하나님은 우리의 앞날을 아십니다. 누가 나를 배신할지, 어디가 위험한지, 언제 떠나야 할지를 정확하게 아십니다. 미리 알려주시고 피할 길을 내어주십니다.

복잡한 세상, 질문이 답이다

우리가 살아가는 21세기는 다윗 시대보다 훨씬 더 복잡한 시대입니다. 직업의 종류만 해도 수만 가지가 넘고 사회는 거미줄처럼 연결되어 있어 내가 통제할 수 없는 변수가 수시로 튀어나옵니다.

어제의 정답이 오늘은 오답이 되는 세상입니다. 전문가의 예측도 빗나가기 일쑤입니다. 이 복잡하고 불확실한 세상에서 가장 안전하게 사는 방법은 무엇일까요? 인생의 생사화복을 주관하시는 하나님께 끊임없이 기도로 질문하는 것입니다.

"하나님, 이 사람을 믿어도 됩니까? 지금 앞으로 가도 됩니까? 지금 멈춰야 합니까? 아니면 방향을 틀어야 합니까?"

질문이 많은 기도는 믿음이 없다는 뜻이 아닙니다. 오히려 나의 무지함을 인정하고 전적으로 하나님을 의지하겠다는 가장 겸손한 믿음의 표현입니다. 아이가 낯선 길을 갈 때 아빠 손을 꼭 잡고 계속 묻는 것과 같습니다. "아빠, 이쪽이야? 여기 맞아?"

당신의 기도를 질문으로 채우십시오. 하나님은 묻는 자에게 반드시 대답하십니다. 때로는 말씀으로, 때로는 환경으로, 때로는 마음의 확신으로 가장 좋은 길을 보여주실 것입니다. 묻는 자는 망하지 않습니다.

더 깊은 묵상을 위한 질문

1. 최근 내 상식으로는 이해되지 않지만, 기도를 통해 주시는 하나님의 뜻에 순

    종해 본 경험이 있습니까? 그 결과는 어떠했나요?

2. 억울한 상황이나 사람에게 배신당할 위기 앞에서 감정적으로 대응하기보다

    먼저 하나님께 상황을 물어본 적이 있습니까?

[한 줄 기도]

하나님, 한 치 앞도 알 수 없는 인생길에서 내 얄팍한 경험과 지

혜를 의지하지 않게 하소서. 매 순간 주님께 묻고 또 묻는 기도의

사람이 되어, 주님이 예비하신 가장 안전한 길로 걷게 하옵소서.

진짜 기회와 가짜 기회를 분별하라

"내가 손을 들어 여호와의 기름 부음 받은 내 주를 치는 것은 여호와께서 금하시는 것이니 그는 여호와의 기름 부음 받은 자가 됨이니라"(삼상 24:6).

인생에는 세 번의 큰 기회가 찾아온다는 말이 있습니다. 우리는 그 기회를 잡기 위해 눈에 불을 켜고 살아갑니다. 그런데 살다 보면 '기회'라는 가면을 쓰고 찾아오는 교묘한 '유혹'을 만날 때가 있습니다. 겉보기에는 완벽한 성공의 기회처럼 보입니다. "이건 하나님이 주신 복이야!"라고 소리치고 싶을 만큼 매력적입니다. 하지만 덥석 잡았다가는 영혼이 병들고 삶이 무너지게 되는 '가짜 기회'가 우리 주변에는 너무나 많습니다.

기도하는 사람은 이 진짜와 가짜를 구별해내는 영적 안목을 가져야 합니다. 다윗이 엔게디 동굴에서 겪었던 그 숨 막히는 순간으로 들어가 봅시다.

완벽해 보이는 기회

사울 왕은 다윗을 죽이는 데 혈안이 되어 있었습니다. 블레셋과의 전쟁을 치르자마자 쉬지도 않고 정예 특공대 3천 명을 이끌고 다윗이 숨어 있는 엔게디 광야를 이 잡듯 뒤지기 시작합니다. 3천 명 대 600명, 전면전이 벌어지면 다윗은 전멸입니다.

그런데 갑자기 사울에게 급한 용무가 생깁니다. 배가 몹시 아파 용변을 보기 위해 혼자 동굴로 들어간 것입니다. 왕의 체통 때문에 경호원들은 멀찌감치 떨어뜨려 놓았습니다. 그런데 하필이면, 정말 우연처럼, 그 동굴 깊은 곳에 다윗과 그의 부하들이 숨을 죽인 채 숨어 있었습니다.

이건 정말 드라마나 영화에서도 보기 힘든 장면입니다. 다윗을 죽이러 온 원수가 제 발로 다윗이 숨어 있는 호랑이 굴로 들어온 것입니다. 사울은 무장 해제된 채 쭈그리고 앉아 등을 보이고 있습니다.

다윗에게는 절호의 기회였습니다. 칼 한 번만 휘두르면 됩니다. 그러면 지긋지긋한 도망자 생활도 끝입니다. 오랫동안 이어진 고통의 터널을 단번에 빠져나올 수 있습니다. 당장 이스라엘의 왕이 될 수 있는 지름길이 열린 것입니다. 옆에 있던 부하들은 흥분해서 다윗에게 속삭입니다.

"보십시오! 하나님이 원수를 당신 손에 넘기겠다고 하신 날이 바로 오늘입니다. 이건 누가 봐도 하나님이 주신 기회입니다! 망설이지 마십시오!"

우리도 살면서 이런 순간을 만납니다. 모든 정황이 딱 맞아떨어집니다. 내가 원히던 것이 손 닿을 거리에 있습니다. 사람들도 입을 모아 말합니다.

"야, 이건 하나님이 주신 대박 찬스야. 놓치면 바보야."

하지만 다윗은 칼을 들어 사울을 찌르는 대신, 조용히 다가가 그의 겉옷 자락만 살짝 베어냅니다. 왜 그랬을까요?

하나님의 표정을 읽다

다윗은 알았습니다. 이것이 겉보기에는 '기회'처럼 보이지만, 실상은 치명적인 '유혹'이며 '가짜 기회'라는 것을 말입니다. 부하들은 '상황'을 봤지만, 다윗은 '하나님'을 봤습니다. 사울이 아무리 악하고 다윗을 죽이려 하는 원수라 할지라도 그는 하나님께서 기름 부어 세우신 왕입니다. 그를 왕으로 세우신 분도 하나님이시고 그를 폐하실 분도 하나님이십니다. 심판의 권한은 하나님께 있지 다윗에게 있지 않습니다.

다윗이 만약 자기 손으로 왕을 죽이고 왕좌에 앉는다면 그것은 무엇이 됩니까? 하나님의 방법이 아닌 인간의 방법, 즉 반역과 살인으로 시작된 왕조가 됩니다. 그것은 하나님이 기뻐하시는 길이 아닙니다. 다윗은 칼을 쥐고 사울에게 다가가는 그 짧은 순간, 하나님의 표정을 읽었습니다. '하나님이 이 일을 기뻐하실까?' 그는 하나님이 기뻐하지 않으신다는 것을 영적으로 감지했습니다. 마음이 불편했습니다. 그래서 멈췄습니다. 이것을 우리는 '영적 센스(Sense)'라고 부릅니다. 믿음, 소망, 사랑, 그중에 제일은 '센스'라는 우스갯소리처럼 신앙생활에는 하나님의 의중을 파악하는 영적 눈치가 필요합니다.

기도 생활을 오래 하다 보면 이런 영적 감각이 생깁니다. 분명히 나에게 이익이 되고 법적으로도 문제가 없고 남들도 다 부러워하는 일인데 기도하면 마음 한구석이 찜찜할 때가 있습니다. 하나님이 고개를 저으시는 것 같은 느낌이 듭니다. 그럴 때는 멈춰야 합니다. 그것은 하나님이 주신 기회가 아니라, 사탄이 던져놓은 미끼일 가능성이 높기 때문입니다.

내 손이 아닌 하나님의 손에 맡기라

다윗이 사울을 죽이지 않은 것은 사울이 좋아서가 아닙니다. 억울하지 않아서도 아닙니다. 그는 자신의 손이 아니라, 하나님의 손을 신뢰하기로 선택한 것입니다.

"내가 손을 들어 치는 것은 여호와께서 금하시는 것이니…."

이 고백은 "내 인생의 꼬인 매듭은 내가 칼로 끊어버리는 것이 아니라, 하나님이 풀어주셔야 진짜 해결된다"라는 위대한 신앙 고백입니다.

만약 다윗이 그때 사울을 죽였다면 어떻게 되었을까요? 당장은 왕이 되었을지 모릅니다. 하지만 평생 '선왕을 화장실에서 살해한 비열한 반역자'라는 꼬리표를 달고 살았을 것입니다. 정통성은 훼손되고 또 다른 반란의 씨앗이 되었을 것입니다. 다윗의 왕국은 피로 얼룩졌을 것입니다.

다윗은 '가짜 기회(빠른 성공)'를 포기하고 '진짜 기회(하나님의 때)'를 기다렸습니다. 물론 그 기다림의 시간은 힘들었습니다. 다시 광야로 도망쳐야 했으니까요. 하지만 결국 하나님께서는 얼마 지나지 않아 가장 영광스러운 방법으로, 모든 지파가 추대하는 존경받는 왕으로 다윗을 직접 세워주셨습니다. 자신의 손으로 미래를 열려고 했던 사울은 결국 비참하게 끝났지만, 하나님의 손에 미래를 맡겼던 다윗은 가장 위대한 왕이 되었습니다.

자기 손으로 문을 억지로 열려고 하지 마십시오. 닫힌 문을 부수고 들어가면 강도가 되지만, 주인이 열어줄 때까지 기다렸다가 들어가면 귀한 손님이 됩니다. 하나님이 열어주시는 문이 진짜입니다.

조급해하지 마십시오. 쉬운 길, 빠른 길의 유혹을 뿌리치고 십자가의 길, 순종의 길을 선택하십시오. 당장은 손해 보는 것 같고 바보 같아 보여도 하나님의 손에 당신의 인생을 맡길 때 하나님은 당신의 손보다 훨씬 크고 강하신 그분의 손으로 당신을 높여 주실 것입니다.

더 깊은 묵상을 위한 질문

1. 지금 당신 앞에 놓인 기회가 하나님이 주신 것인지, 아니면 욕심이 만들어낸 유혹인지 헷갈릴 때가 있습니까? 그것을 분별하기 위해 어떤 질문을 던져야 할까요?

2. 억울한 일을 당했을 때 '내 손으로 갚아주고 싶은 충동' 을 느낀 적이 있습니까? 심판을 하나님께 맡긴다는 것은 구체적으로 어떤 태도를 말할까요?

[한 줄 기도]

하나님, 눈앞의 이익에 눈이 멀어 가짜 기회를 덥석 잡지 않게 하소서. 영적인 눈을 떠 하나님의 표정을 읽게 하시고 내 손에 쥐어진 칼을 내려놓고 주님이 일하실 때를 기다리는 믿음을 주옵소서.

하나님, 한 치 앞도 알 수 없는 인생길에서
내 얄팍한 경험과 지혜를 의지하지 않게 하소서.
매 순간 주님께 묻고 또 묻는
기도의 사람이 되어, 주님이 예비하신
가장 안전한 길로 걷게 하옵소서.

내 마음이 약해질 때에 땅끝에서부터 주께 부르짖으오리니
나보다 높은 바위에 나를 인도하소서. 시 61:2.

회복
: 광야에서 샘을 만나다

억울함이 기도가 될 때

"한나가 마음이 괴로워서 여호와께 기도하고 통곡하며"(삼상 1:10).

살다 보면 가슴이 턱 막히는 순간이 옵니다. 내 힘으로는 도저히 어찌할 수 없는 거대한 벽을 만날 때, 억울하고 분해서 잠을 이룰 수 없는 밤이 찾아옵니다. 그때 우리는 어떻게 해야 할까요? 오늘 우리는 성경 속에서 가장 슬픈 여인이었지만, 기도를 통해 가장 위대한 어머니가 된 한나의 이야기에서 길을 찾아보려 합니다.

천둥 같은 격분 속에서

성경에 등장하는 한나는 본래 이름의 뜻이 '은혜' 입니다. 하지만 아이러니하게도 그녀의 삶은 이름과 정반대였습니다. 당시 사회에서 여인이 아이를 낳지 못한다는 것은 단순한 불임의 문제가 아니었습니다. 그것은 하나님의 은혜에서 제외된 것으로 여겨졌고, 여인으로서의 존재 가치를 송두리째 부정당하는 고통이었습니다.

설상가상으로 남편의 또 다른 아내인 브닌나는 자식을 낳았습니다. 성경은 브닌나가 한나를 '격분하게 했다'라고 기록합니다. 여기서 '격분'이라는 단어는 원어로 '천둥이 친다'는 뜻입니다. 브닌나의 조롱과 멸시는 한나의 마음속에 매일 천둥이 치는 것 같은 고통을 주었습니다. 남편 엘가나가 그녀를 사랑하며 위로했습니다. "내가 그대에게 열 아들보다 낫지 아니하냐"라며 다독였지만, 사람의 위로에는 한계가 있었습니다. 그 누구도 공허한 그녀의 마음을 채울 수는 없었습니다.

우리에게도 이런 순간이 찾아옵니다. 세상 그 누구도, 심지어 가장 가까운 가족조차 내 마음의 억울함과 슬픔을 알아주지 못할 때가 있습니다. 사방이 막힌 것 같고 내 편은 아무도 없는 것 같은 철저한 고립감, 바로 그 순간이 기도가 시작되어야 할 타이밍입니다.

사람에게 풀지 말고 하나님께 쏟으라

한나는 그 고통의 자리에서 사람과 싸우지 않았습니다. 브닌나의 머리채를 잡고 싸우거나 남편에게 히스테리를 부리며 화풀이하지 않았습니다. 그녀는 기도의 자리로 도망쳤습니다. 하나님 앞으로 나아갔습니다. 이것이 한나가 가진 위대함입니다.

그녀는 성전에 올라가 하나님께 울며 기도했습니다. 얼마나 간절히 기도했는지 입술은 움직이는데 음성은 들리지 않았습니다. 곁에서 지켜보던 제사장 엘리가 술에 취한 것으로 오해할 정도였습니다. 엘리 제사장이 "언제까지 취해 있을 것이냐, 포도주를 끊으라" 책망했을 때, 한나는 이렇게 대답합니다.

"내 주여 그렇지 아니하니이다. 나는 마음이 슬픈 여자라 포도주나 독주를 마신 것이 아니요 여호와 앞에 내 심정을 통한 것뿐이오니"(삼상 1:15).

여기서 '심정을 통했다'는 말은 마음을 물 쏟듯이 '쏟아부었다(pour out)'는 뜻입니다. 그릇에 담긴 물을 바닥에 확 쏟아버리면 다시 주워 담을 수 없듯이, 그녀는 자신의 억울함, 분노, 슬픔, 원통함을 남김없이 하나님 앞에 쏟아부었습니다.

기도는 점잖게 교양을 떠는 자리가 아닙니다. 하나님 앞에서는 체면을 차릴 필요가 없습니다. "하나님, 저 너무 억울해요. 저 사람 때문에 미치겠어요. 내 마음이 천둥 치듯 괴로워요." 있는 그대로의 날 선 감정을 토해내는 것, 이것이 진짜 기도입니다. 하나님은 우리의 정제된 언어가 아니라, 상한 마음 그 자체를 받으십니다.

하나님이 기억하시다

한나의 간절한 기도는 헛되지 않았습니다. 성경은 하나님께서 한나를 '생각하신지라(자카르)' 라고 기록합니다. '자카르' 는 '기억하다' 라는 뜻입니다. 하나님은 우리의 신음 하나도 놓치지 않고 다 기억하고 계십니다. 그리고 하나님의 때가 되었을 때, 정확하게 응답하십니다.

하나님은 한나에게 아들을 주셨습니다. 그 아들의 이름이 무엇입니까? 바로 '사무엘' 입니다. '사무' 는 '듣다', '엘' 은 '하나님' 이라는 뜻입니다. 즉, "하나님이 내 기도를 들으셨다" 라는 뜻입니다. 그녀는 아들의 이름을 부를 때마다 자신의 기도를 외면치 않으시고 들으신 하나님을 찬양했을 것입니다.

그런데 여기서 우리가 주목해야 할 놀라운 사실이 있습니다. 한나는 단순히 자신의 '원통함' 을 풀기 위해 아들을 달라고 기도했을 뿐입니다. 지극히 개인적인 소원 성취를 위한 기도였습니다. 하지만 하나님의 응답 스케일은 달랐습니다.

하나님은 한나에게 아들만 주신 것이 아니었습니다. 한나의 기도를 통해 태어난 사무엘은 훗날 이스라엘의 영적 암흑기를 끝내고 다윗 왕에게 기름을 부어 왕정 시대를 여는 위대한 민족의 지도자가 됩니다.

한나는 자신의 '가정 문제' 를 놓고 기도했지만, 하나님은 그 기도를 사용하셔서 '민족의 문제'와 '구원 역사의 문제'를 해결하셨습니다. 이것이 바로 예레미야 선지자를 통해 약속하신 '크고 은밀한 일'입니다.

"너는 내게 부르짖으라. 내가 네게 응답하겠고 네가 알지 못하는 크고 은밀한 일을 네게 보이리라"(렘 33:3).

당신의 기도가 때로는 지극히 개인적이거나 유치해 보일 수도 있습니다. "하나님, 제 앞길 좀 열어주세요", "하나님, 우리 아이 합격하게 해주세요." 하지만 걱정하지 마십시오. 기도의 시작은 그래도 됩니다. 우리의 작은 신음과 필요를 가지고 하나님께 나아가 부르짖을 때, 하나님은 그 기도를 재료 삼아 우리가 상상하지도 못했던 위대한 일을 행하십니다.

지금 억울한 일을 당하셨습니까? 마음이 무너져 내립니까? 그렇다면 기뻐하십시오. 하나님께서 당신을 통해 크고 은밀한 일을 시작하시려는 신호탄일지 모릅니다. 기도의 자리로 도망치십시오. 그리고 쏟아놓으십시오. 하나님이 당신을 기억하실 것입니다.

더 깊은 묵상을 위한 질문

1. 지금 당신 마음을 '격분' 하게 만드는 브닌나(사람, 환경, 상황)는 무엇입니까?
   그것을 가지고 사람과 싸우고 있습니까, 아니면 기도의 자리로 가져가고 있
   습니까?

2. 한나처럼 하나님 앞에 '심정을 통하는' 기도를 드려본 적이 있습니까? 체면
   이나 형식을 버리고 솔직한 감정을 하나님께 쏟아놓는 시간을 가져봅시다.

[한 줄 기도]

하나님, 억울하고 답답한 마음을 사람에게 풀지 않고 주님 앞에
쏟아놓습니다. 내 눈물을 기억하시고, 나의 작은 신음이 주님의
위대한 역사가 되게 하옵소서.

마음이 약해질 때, 땅끝에서

"내 마음이 약해질 때에 땅끝에서부터 주께 부르짖으오리니 나보다 높은 바위에 나를 인도하소서"(시 61:2).

아무리 믿음이 좋은 사람이라도 마음이 무너져 내릴 때가 있습니다. 평소에는 씩씩하게 잘 살아가다가도, 예기치 못한 고난이 파도처럼 밀려오면 순식간에 마음이 약해집니다. 성경의 인물 중 가장 강인한 믿음을 가졌던 다윗도 그랬습니다.

땅끝에 홀로 서다

오늘 본문의 시편을 노래할 때 다윗은 지금 '땅끝'에 서 있습니다. 이것은 단순한 지리적 위치가 아닙니다. 더 이상 물러설 곳 없는 인생의 벼랑 끝, 절체절명의 위기 상황을 뜻합니다. 학자들은 이때가 다윗이 아들 압살롬의 반란을 피해 도망칠 때라고 봅니다. 사랑하는 아들에게 배신당하고 왕궁에서 쫓겨나 맨발로 도망쳐야 했던 그 처참한 심정을 상상해 보십시오.

이때 다윗은 "내 마음이 약해질 때"라고 고백합니다. 심장이 멎을 것 같고 마음이 짓눌리는 공황 상태입니다. 무엇보다 가장 고통스러운 것은 하나님이 멀게 느껴진다는 것입니다. 땅끝은 하나님에게서 가장 멀리 떨어져 있는 것 같은 영적 소외감을 의미하기도 합니다.

우리도 살다 보면 이런 '땅끝'을 만납니다. 경제적인 파산, 건강의 상실, 믿었던 사람의 배신…. "아, 내 인생은 여기서 끝이구나"라는 생각이 들 때, 우리는 어떻게 해야 할까요?

지금은 점잖을 때가 아닙니다

다윗은 그 절망의 끝자락에서 하나님께 "부르짖었다(Cry)"라고 말합니다. 기도는 조용히 묵상으로 할 수도 있고 소리 내어 할 수도 있습니다. 둘 다 소중한 기도입니다. 하지만 지금처럼 마음이 무너지고 영혼이 위급할 때는 부르짖어야 합니다.

물에 빠진 사람이 '살려주세요'라고 속삭이지 않습니다. 있는 힘을 다해 소리칩니다. 다윗은 마치 짐승이 울부짖듯 하나님께 자신의 감정을 토해냈습니다. 점잖게 커피 한 잔 마시며 우아하게 기도할 때가 아니었습니다.

어떤 분은 소리 내어 기도하는 것을 부담스러워합니다. 하지만 기도는 형식이 아니라 절박함입니다. 때로는 짐승처럼 울부짖어 보십시오. 억눌린 감정을 소리에 실어 하나님께 날려 보내십시오. 그 부르짖음이 당신의 영혼을 살립니다.

나보다 높은 바위로

다윗은 부르짖으며 한 가지를 간구합니다.

"나보다 높은 바위에 나를 인도하소서."

이것은 무슨 뜻일까요? 지금 그가 서 있는 현실은 '땅끝'입니다. 절망의 구렁텅이입니다. 자기 시선으로는 절망밖에 보이지 않습니다. 그래서 다윗은 하나님께 자기를 들어 올려서, 자기 힘으로는 도저히 오를 수 없는 저 '높은 바위' 위로 옮겨달라고 기도하는 것입니다.

높은 바위, 견고한 망대 위에 올라가면 무엇이 보일까요? 전체가 보입니다. 숲이 보입니다. 땅 아래에서는 적들이 자기를 포위한 것 같아 두려웠지만, 높은 곳에서 보니 하나님이 자기를 보호하고 계심을 보게 됩니다. 하나님의 시선으로 자기 인생을 조망하게 되는 것입니다.

어느 일본 작가의 그림 중에 도시의 밤하늘과 시골의 밤하늘을 비교한 것이 있습니다. 도시의 밤은 인공적인 불빛으로 화려하지만, 그 빛 때문에 하늘의 별은 보이지 않습니다. 반면 시골의 캄캄한 밤에는 하늘의 별이 쏟아질 듯 빛납니다.

기도는 우리를 땅의 조명에서 벗어나 하늘의 별을 보는 자리로, '나보다 높은 바위' 위로 데려다줍니다. 현실은 여전히 땅끝이지만, 기도하는 순간 우리 영혼은 하나님의 관점을 갖게 됩니다.

"아, 하나님이 여전히 통치하고 계시는구나. 이 고난도 합력하여 선을 이루시겠구나."

이 깨달음이 우리를 다시 살게 합니다.

과거의 은혜를 소환하라

마음이 약해질 때 다윗이 썼던 또 하나의 방법은 '과거를 돌아보는 것'이었습니다.

"주는 나의 피난처시요. 원수를 피하는 견고한 망대이심이니이다"(시 61:3).

다윗은 과거에도 수많은 위기를 겪었습니다. 사울 왕에게 쫓길 때, 곰과 사자를 만났을 때, 그때마다 하나님은 피난처가 되어 주셨고 견고한 망대가 되어 주셨습니다. 다윗은 그 기억을 소환합니다.

"맞아, 그때도 정말 죽을 것 같았지. 하지만 하나님이 살려주셨어. 그때 도와주신 하나님이 지금도 나와 함께하시잖아."

과거의 은혜를 기억하면 현재의 고난을 해석할 힘이 생깁니다. 하나님은 어제나 오늘이나 동일하신 분입니다. 혹시 지금 마음이 약해져 있습니까? 기도의 자리로 나아가 지나온 삶을 돌아보십시오. 굽이굽이마다 도우셨던 에벤에셀의 하나님을 기억해 내십시오. 그 기억이 당신을 지탱하는 힘이 될 것입니다.

더 깊은 묵상을 위한 질문

1. 당신이 경험한 인생의 '땅끝' 은 언제였습니까? 그때 하나님을 어떻게 찾았나
    요?

2. 내 힘으로는 해결할 수 없는 문제 앞에서 '나보다 높은 바위' 로 올라가 하나
    님의 관점으로 상황을 바라본 경험이 있습니까?

[한 줄 기도]

마음이 무너져 내릴 때 사람을 찾지 않고 주님께 부르짖게 하소
서. 나를 높은 바위 위로 올리사 내 인생을 향한 하나님의 큰 그
림을 보게 하옵소서.

부르짖는 자를 위한 샘, 엔학고레

"삼손이 심히 목이 말라 여호와께 부르짖어 이르되 주께서 종의 손을 통하여 이 큰 구원을 베푸셨사오나 내가 이제 목말라 죽어서 할례받지 못한 자들의 손에 떨어지겠나이다 하니 하나님이 레히에서 한 우묵한 곳을 터뜨리시니 물이 거기서 솟아 나오는지라. 삼손이 그것을 마시고 정신이 회복되어 소생하니 그러므로 그 샘 이름을 엔학고레라 불렀으며"(삿 15:18–19).

사사기에 등장하는 삼손은 우리에게 익숙하면서도 낯선 인물입니다. 그는 엄청난 괴력을 가졌지만, 영적으로는 미성숙하고 충동적인 모습을 자주 보였습니다. 그런데 오늘 우리는 이 사고뭉치 삼손을 통해 놀라운 기도의 비밀을 배우게 됩니다.

외로운 싸움, 그리고 갈증

삼손이 살던 시대는 이스라엘이 블레셋의 압제를 받던 때였습니다. 그런데 기가 막힌 것은 이스라엘 백성들의 태도였습니다. 그들은 블레셋과 싸우려 하지 않고 오히려 블레셋에 저항하는 삼손을 결박해서 적들에게 넘겨주려 했습니다.

"블레셋 사람이 우리를 다스리는 줄을 알지 못하느냐."

이렇게 말하면서 현실에 안주해 버린 동족들에게 배신당했을 때, 삼손의 마음은 어땠을까요? 철저한 고독과 배신감을 느꼈을 것입니다.

하지만 삼손에게는 하나님의 영이 임해 있었습니다. 그는 결박을 끊고 나귀 턱뼈 하나를 집어 들고 블레셋 군사 1,000명과 싸워 이깁니다. 기적 같은 승리였습니다. 그러나 승리의 기쁨도 잠시, 그에게 참을 수 없는 생리적 고통이 찾아왔습니다. 바로 극심한 '목마름'이었습니다.

큰 싸움을 치르고 난 뒤 탈진한 삼손은 죽을 것 같은 갈증을 느꼈습니다. 1,000명을 쓰러뜨린 영웅이 고작 목마름 때문에 죽게 생겼습니다. 이것이 인간의 연약함입니다. 아무리 대단한 성취를 이루어도 물 한 모금이 없으면 쓰러지는 것이 우리 인생입니다.

자격 없는 자의 첫 기도

이때 삼손이 하나님께 부르짖습니다.

"주께서 종의 손을 통하여 이 큰 구원을 베푸셨사오나 내가 이제 목말라 죽어서 할례받지 못한 자들의 손에 떨어지겠나이다."

성경을 자세히 보면, 이 기도는 삼손이 사사된 후에 처음으로 하나님께 드린 기도입니다. 그런데 그 기도의 내용이 참 가관입니다. 민족을 위한 회개의 기도도 아니고 사명 감당을 위한 비장한 기도도 아닙니다. 그저 "나 목말라 죽겠으니 물 좀 주세요"라는 떼쓰기 식 기도입니다. 심지어 말투에는 원망이 섞여 있습니다.

그런데 놀랍게도 하나님은 이 기도를 들으십니다. 하나님은 삼손을 꾸짖지 않으시고, 레히의 한 우묵한 곳을 터뜨려 샘물이 솟아나게 하셨습니다. 삼손은 그 물을 마시고 정신이 회복되어 소생했습니다. 그리고 그 샘의 이름을 '엔학고레'라고 지었습니다. 이는 '부르짖는 자의 샘'이라는 뜻입니다.

여전히 일하시는 하나님

우리는 종종 "내가 좀 더 거룩해야 기도를 들어주시지 않을까?" "이렇게 이기적인 기도를 해도 될까?"라고 고민합니다. 하지만 엔학고레의 하나님은 우리의 예상을 뛰어넘으십니다.

당시 삼손은 나실인의 서약을 어기고 시체를 만졌으며 자기 힘을 자랑하며 교만했습니다. 라맛레히(턱뼈의 산)라며 자기 무용담을 노래했습니다. 기도할 자격이라고는 전혀 없어 보였습니다. 하지만 그가 죽을 것 같아 부르짖었을 때, 하나님은 그의 기도를 외면하지 않으셨습니다.

이것이 은혜입니다. 하나님은 자격 없는 자의 부르짖음에도 귀를 기울이십니다. 우리의 기도가 비록 세련되지 못하고 투정 부리는 것 같아도 하나님은 괜찮다고 하십니다. 목마르다고, 힘들다고, 살려달라고 솔직하게 외치는 그 소리 자체로도 하나님께는 충분히 진실한 기도로 전달될 수 있습니다.

이 시대는 영적인 목마름의 시대입니다. 사람들은 성공의 나귀 턱뼈를 휘두르며 승리한 것 같지만, 돌아서면 채워지지 않는 갈증 때문에 허덕입니다. 돈을 벌어도 명예를 얻어도 영혼의 목마름은 해결되지 않습니다.

그 갈증을 해결할 방법은 단 하나, 엔학고레의 하나님께 부르짖는 것입니다. 예수님께서 말씀하셨습니다.

"누구든지 목마르거든 내게로 와서 마시라. 나를 믿는 자는 성경에 이름과 같이 그 배에서 생수의 강이 흘러나오리라"(요 7:37-38).

우리 인생의 사막에서 터져 나오는 샘물, 엔학고레는 바로 예수 그리스도이십니다. 자격 없는 우리를 위해 십자가에서 목마름을 당하시고 우리에게 영원히 목마르지 않는 생수를 주시는 분, 그분께 나아가십시오.

지금 목마릅니까? 삶이 지치고 힘듭니까? 체면 차리지 말고 부르짖으십시오. 하나님은 당신을 위해 사막 한가운데서도 샘물을 터뜨릴 준비를 하고 계십니다.

더 깊은 묵상을 위한 질문

1. 당신이 경험한 인생의 가장 큰 갈증은 무엇이었습니까? 그 갈증을 해결하기
   위해 세상의 우물을 찾았습니까, 아니면 하나님께 부르짖었습니까?

2. '자격 없는 나에게도 응답하시는 하나님' 이라는 사실이 당신의 기도 생활에
   어떤 용기를 줍니까?

[한 줄 기도]

영원한 생명수 되시는 주님, 세상의 성공 뒤에 찾아오는 허무함
과 갈증을 주님 앞에서만 해결하게 하소서. 나의 부르짖음에 엔
학고레의 은혜로 응답하여 주옵소서.

여호와를 알자, 힘써 알자

"오라 우리가 여호와께로 돌아가자. 여호와께서 우리를 찢으셨으나 도로 낫게 하실 것이요 우리를 치셨으나 싸매어 주실 것임이라"(호 6:1).

기도가 막히는 가장 큰 원인은 무엇일까요? 죄나 게으름도 있겠지만, 근본적인 원인은 '하나님에 대한 오해'에 있습니다. 하나님을 우리를 감시하는 엄격한 선생님이나 우리에게 관심 없는 방관자로 오해하면 우리는 하나님께 로그인할 수 없습니다. 특히 삶에 고난이 닥쳐올 때, 우리는 '하나님이 나를 치셨다'고 생각하며 기도의 문을 닫아버리곤 합니다.

호세아 선지자는 외칩니다. "내 백성이 지식이 없으므로 망하는 도다.” 여기서 지식은 하나님을 아는 지식입니다. 기도는 하나님을 제대로 아는 것에서부터 다시 시작됩니다.

고난, 로그인을 요청하는 알람

호세아 선지자는 하나님을 “우리를 찢으시고 치시는 분”이라고 묘사합니다. 섬뜩한 표현입니다. 하지만 이 문장의 끝은 “도로 낫게 하실 것이요, 싸매어 주실 것임이라”로 맺습니다.

하나님은 사랑이십니다. 그런데 왜 우리를 찢으실까요? 우리가 하나님을 떠나 엉뚱한 곳에 로그인되어 있기 때문입니다. 당시 이스라엘은 풍요의 신 바알에게 접속해 있었습니다. 하나님은 당신의 자녀가 헛된 우상에 빠져 영혼이 병드는 것을 지켜보실 수 없었습니다. 그래서 고난이라는 도구를 통해 그들의 잘못된 접속을 강제로 끊으신 것입니다.

우리가 겪는 아픔은 하나님이 우리를 버리셨다는 신호가 아닙니다. 오히려 “이제 그만 헛된 곳에서 로그아웃하고, 나에게로 돌아와라” 부르시는 강력한 초청입니다. 징계는 사랑의 또 다른 이름입니다. 의사가 환자를 살리기 위해 살을 찢고 수술하듯 하나님은 우리를 고치기 위해 잠시 아픔을 허락하십니다.

고난이 닥쳤을 때, 사탄은 “하나님은 너를 미워해”라고 속삭이며 우리가 도망치게 만듭니다. 하지만 기도의 사람은 하나님의 본심을 압니다. 아프게 하시는 손길 뒤에 숨겨진, 싸매어 주시려는 그 따뜻한 품을 신뢰합니다. 그래서 아플수록 더욱 기도의 자리로 파고듭니다.

기도는 하나님께로 방향을 트는 것

호세아는 호소합니다. "오라, 우리가 여호와께로 돌아가자!" 여기서 '돌아가자'는 말은 단순히 장소를 옮기라는 뜻이 아닙니다. 마음의 방향, 영혼의 주파수를 다시 하나님께 맞추라는 뜻입니다. 이것이 바로 기도의 본질입니다.

세상으로 향하던 발걸음을 멈추고 돈과 성공을 향해 달리던 욕망을 멈추고 하나님 얼굴 앞으로 내 존재를 돌려세우는 것. 그것이 회개이고 기도입니다. 우리가 하나님께로 방향을 틀어 접속(Log-in)하는 순간, 놀라운 일이 일어납니다.

"셋째 날에 우리를 일으키시리니 우리가 그의 앞에서 살리라"(호 6:2). 하나님은 우리를 방치하지 않으십니다. 이틀이 지나고 셋째 날이 되면 반드시 우리를 다시 일으키십니다. 죽음에서 부활하신 예수님처럼, 우리 인생을 사망의 음침한 골짜기에서 건져내어 생명의 자리로 옮겨주십니다.

기도는 하나님 앞에서 사는 연습입니다. 문제 앞에서 끙끙 앓는 것이 아니라 나를 살리시는 하나님의 얼굴을 마주 보며 숨을 쉬는 것입니다.

기도의 깊은 단계, '야다(Yada)'

호세아 선지자가 그토록 강조한 '여호와를 알자'에서 '알다'는 히브리어로 '야다'입니다. 이것은 지식적인 앎이 아니라, 부부가 서로를 깊이 알듯이 체험적으로 아는 친밀함을 뜻합니다.

우리는 기도를 통해 하나님을 '야다' 합니다. 자기가 필요한 것만 구하고 자리를 뜨는 기도로는 하나님을 깊이 알 수 없습니다. 나의 아픔, 나의 기쁨, 나의 모든 것을 하나님 안으로 가지고 들어가 그분과 섞이는 단계까지 나아가야 합니다.

옛이야기 중에 '소금 인형' 이야기가 있습니다. 늘 갈증을 느끼던 소금 인형이 바다를 찾아갔습니다. 바다가 "나에게 들어오라"고 하자 소금 인형은 두려웠지만 물속으로 걸어 들어갔습니다. 발이 녹고 몸이 녹아 사라지는 아픔이 있었지만, 완전히 녹아 바다와 하나가 된 순간, 소금 인형은 비로소 자신이 바다였음을 깨닫고 영원한 안식을 얻었습니다.

기도는 소금 인형이 바다로 들어가는 것과 같습니다. 내 자아, 내

고집, 내 두려움이 하나님 은혜의 바다에 녹아내리는 시간입니다. '내'가 사라지고 내 안에 하나님만 남는 그 상태, 그것이 기도의 절정입니다.

그때 우리는 깨닫습니다. "그의 나타나심은 새벽빛같이 어김없나니"(호 6:3). 칠흑 같은 밤에도 반드시 새벽이 오듯, 메마른 땅에 늦은 비가 내리듯, 하나님은 기도하는 자에게 반드시 찾아오십니다.

당신의 기도는 어디에 머물러 있습니까? 하나님을 오해하여 문밖에 서성이고 있지는 않습니까? 두려워하지 말고 들어오십시오. 아픈 상처 그대로, 찢긴 마음 그대로 가지고 들어오십시오. 기도의 바다에 당신을 던질 때, 비로소 당신은 치유되고 다시 살아날 것입니다.

더 깊은 묵상을 위한 질문

1. 고난이 닥칠 때 당신은 하나님으로부터 도망치는 편입니까, 아니면 '도로 낫게 하실 것'을 믿고 더 가까이 나아가는 편입니까?

2. 당신의 기도는 하나님께 정보를 전달하는 수준입니까, 아니면 소금 인형처럼 하나님 안에서 내가 녹아내리는 '연합'의 수준입니까?

[한 줄 기도]

나를 아프게 하시면서까지 나를 살리려 하시는 하나님의 지독한 사랑을 신뢰합니다. 찢긴 마음 그대로 주님께 나아가오니, 새벽 빛 같은 은혜로 나를 싸매어 주옵소서.

사랑, 외로움을 만나다

"이제부터는 너희를 종이라 하지 아니하리니 종은 주인이 하는 것을 알지 못함이라. 너희를 친구라 하였노니 내가 내 아버지께 들은 것을 다 너희에게 알게 하였음이라"(요 15:15).

2018년, 영국 정부는 세계 최초로 아주 낯선 이름의 부서를 신설하고 장관을 임명했습니다. 바로 '외로움부 장관(Minister for Loneliness)'입니다. 이어서 일본도 2021년에 '고독·고립 대책 담당 장관'을 임명했습니다. 소위 선진국이라고 불리는 나라들이 국가 차원의 예산을 투입해 '외로움'을 심각한 사회 문제로 다루기 시작한 것입니다.

한국도 예외가 아닙니다. 한 통계에 따르면 성인의 88%가 "우리

사회의 외로움 문제가 심각하다"고 답했고, 흥미로운 것은 20대부터 70대까지 모든 연령대가 "내가 속한 세대가 가장 외롭다"고 호소한다는 점입니다.

인터넷과 SNS의 발달로 인류 역사상 그 어느 때보다 촘촘하게 연결된 '초연결 사회(Hyper-connected Society)'가 되었는데, 왜 역설적으로 우리는 더 깊은 고립감을 느끼는 걸까요?

이것은 단순히 감정의 문제가 아닙니다. 성경은 인간의 외로움에 대해 사회학적 분석을 넘어선, 아주 근원적인 진단을 내립니다.

완벽해서 외로운 존재

우리는 흔히 "내가 부족해서, 내가 성격이 모나서, 내가 사랑받지 못해서 외롭다"고 생각하며 자책합니다. 하지만 성경의 진단은 다릅니다.

창세기 1장을 보면 하나님은 천지를 창조하시며 여섯 번이나 "보시기에 좋았더라"고 말씀하십니다. 6일째 인간을 창조하신 후에는 "보시기에 심히 좋았더라(메오드 토브)"고 감탄하셨습니다. 완벽한 세상, 완벽한 인간이었습니다.

그런데 2장에서 하나님은 아담을 보시며 처음으로 "좋지 않다(로 토브)"고 말씀하십니다. 죄를 짓기 전인데 말입니다.

"사람이 혼자 사는 것이 좋지 아니하니 내가 그를 위하여 돕는 배필을 지으리라"(창 2:18).

환경은 에덴동산이라는 완벽한 낙원이었고, 아담에게는 아무런 결함이나 죄가 없었습니다. 그런데 그는 외로웠습니다. 왜일까요? 역설적이게도 그가 하나님의 형상으로 지음 받았기 때문입니다.

우리가 믿는 하나님은 삼위일체(Trinity)이십니다. 성부, 성자, 성령 하나님이 영원 전부터 서로를 알고 사랑하고 기뻐하는 완벽한 공동체를 이루고 계십니다. 그 하나님의 형상을 따라 지음 받은 인간은 태생적으로 '관계 지향적'일 수밖에 없습니다.

우리는 누군가를 사랑하고 사랑받고 깊이 소통해야만 살 수 있는 존재로 설계되었습니다. 그래서 외로움은 병이나 결함이 아닙니다. 우리가 하나님의 형상이라는 가장 확실한 증거입니다. 완벽하기에 외로운 것입니다.

채워지지 않는 밑 빠진 독

문제는 죄가 들어온 이후입니다. 죄는 하나님과의 생명줄(수직적 관계)을 끊었고, 그 결과 사람과의 신뢰(수평적 관계)도 산산조각냈습니다. 아담은 "내 뼈 중의 뼈요 살 중의 살"이라던 하와를 비난했고, 최초의 형제 가인은 아벨을 죽였습니다. 관계의 단절은 뼈저린 고독을 가져왔습니다.

타락한 인간은 이 지독한 외로움을 어떻게든 스스로 채워보려 몸부림칩니다.

이스라엘의 초대 왕 사울을 보십시오. 그는 권력과 부, 모든 것을 가졌지만 끔찍하게 외로웠습니다. 그는 그 외로움을 사람들의 '인기'와 '인정'으로 채우려 했습니다. "사울은 천천이요 다윗은 만만이로다"라는 여인들의 노래를 들었을 때, 그는 질투심에 사로잡혀 미쳐버립니다. 하나님과의 관계가 끊어진 자리는 사람들의 환호성으로도 메울 수 없었던 것입니다.

야곱의 아내 레아의 인생도 처절합니다. 그녀는 남편 야곱의 사랑을 받지 못해 사무치게 외로웠습니다. 그녀는 '남편의 사랑'으로 자신의 외로움을 채우려 했습니다. 아들의 이름에 그 집착이 고스란히 담겨 있습니다.

첫째 르우벤을 낳고 "이제는 남편이 나를 사랑하리로다", 둘째 시므온을 낳고 "들으셨다", 셋째 레위를 낳고 "이제는 남편이 나와 연합하리로다"라고 했습니다.

하지만 아무리 아들을 낳아주어도 남편의 마음은 라헬에게 가 있었습니다. 그녀의 외로움은 밑 빠진 독과 같았습니다.

그런데 넷째 유다를 낳고 나서는 고백이 완전히 달라집니다.

"내가 이제는 여호와를 찬송하리로다"(창 29:35).

더 이상 남편 이야기를 하지 않습니다. 남편에게 향하던 갈망을 하나님께로 돌린 것입니다. 하나님으로 외로움을 채우니 비로소 남편에 대한 집착에서 자유로워졌습니다. 그리고 놀라운 반전은, 훗날 야곱이 죽을 때 라헬이 아닌 레아 곁에 묻히기를 원했다는 사실입니다. 하나님으로 외로움을 해결한 여인이 최후의 승자가 된 것입니다.

당신은 무엇으로 외로움을 달래고 있습니까? 사람의 인정입니까, 성공입니까, 아니면 누군가의 사랑입니까? 그것들은 잠시 마취제 역할을 할 뿐, 영혼의 갈증을 해결해 주지 못합니다.

신이 인간에게 '친구'라고 말했다

그렇다면 이 뿌리 깊은 영혼의 고독을 누가 채워 줄 수 있을까요?

예수님은 오늘 본문에서 인류 역사상 가장 충격적인 선언을 하십니다.

"이제부터는 너희를 종이라 하지 아니하리니… 너희를 친구라 하였노니"(요 15:15).

창조주가 피조물에게 "너는 내 친구다"라고 말씀하십니다. 이 세상 어떤 종교의 신도 인간과 친구 맺자는 신은 없습니다. 신은 두려움의 대상이거나 숭배의 대상일 뿐입니다. 하지만 예수님은 우리의 친구가 되기 위해 오셨습니다.

예수님은 우리의 영적 외로움(하나님과의 단절)뿐만 아니라, 정서적 외로움(사람과의 단절)까지 채워 주십니다. 말로만 친구라고 하신 게 아닙니다. "사람이 친구를 위하여 자기 목숨을 버리면 이보다 더 큰 사랑이 없다"(요 15:13)라고 하시며 진짜로 십자가에서 목숨을 버리셨습니다.

주인과 종의 관계에는 비밀이 없습니다. 명령과 복종만 있을 뿐입니다. 하지만 친구 사이에는 비밀이 없습니다. 미주알고주알 다 이야기합니다. 예수님은 "내가 아버지께 들은 것을 다 너희에게 알게 하였음이라"고 하십니다. 우리 삶에 깊숙이 들어오셔서 수다 떨듯 대화하고 속마음을 나누시겠다는 뜻입니다.

팀 켈러 목사님은 이 관계를 이렇게 비유했습니다.

낯선 곳에서 길을 잃었을 때, 창문을 내리고 길을 묻습니다. 이때 지도를 던져주며 "이대로 가세요"라고 말하는 사람은 선생입니다. 하지만 차 문을 열고 조수석에 타면서 "자, 같이 갑시다. 저기서 우회전해요. 제가 길을 알아요"라고 말해주는 사람은 친구입니다.

예수님은 우리 인생의 조수석에 타신 친구입니다. 단순히 정답을 알려주는 분이 아니라, 외로운 인생길을 함께 걷고 함께 아파하며 동행하시는 분입니다.

"나는 쓰레기가 아니야"

애니메이션 〈토이 스토리 4〉에 '포키(Forky)'라는 독특한 캐릭터가 나옵니다. 원래는 쓰레기통에 버려진 일회용 포크 숟가락이었는데 주인공 '보니'라는 아이가 눈을 붙이고 팔을 달아 장난감으로 만들었습니다. 보니는 포키를 너무나 사랑해서 잘 때도 꼭 껴안고 잡니다. 세상에 둘도 없는 친구가 된 것입니다.

그런데 포키는 자신의 달라진 정체성을 받아들이지 못합니다. 자신을 여전히 쓰레기라고 생각합니다. 그래서 틈만 나면 "나는 쓰레기야(I'm trash)!"라고 외치며 쓰레기통으로 뛰어듭니다. 친구인 우디가 "아니야, 너는 주인의 장난감이야! 주인이 너를 사랑해!"라고 말리며 끌어내도 소용없습니다. 여전히 '버려진 존재'라는 종의 마인드에 갇혀 있기 때문입니다.

혹시 당신의 모습이 포키 같지는 않습니까?

"나 같은 게 무슨 사랑을 받아. 나는 혼자야. 아무도 나를 이해 못 해. 나는 실패작이야."

자신을 스스로 외로움이라는 쓰레기통에 가두지 마십시오. 당신은 쓰고 버려지는 일회용품이 아닙니다. 예수님이 십자가에서 목숨을 바쳐 친구 삼으신, 우주에서 가장 존귀한 존재입니다.

기도는 예수님과 친구로서 대화하는 시간입니다. 격식을 차리지 않아도 됩니다. 외로우면 외롭다고, 힘들면 힘들다고 투정 부려도 됩니다. 친구니까요.

"주님, 저 오늘 회사에서 너무 외로웠어요."

"사람들 속에서 웃고 있는데 마음이 텅 빈 것 같아요."

이렇게 말을 걸기 시작할 때, 당신 곁에 계신 가장 좋은 친구가 대답해 주실 것입니다.

"알아. 내가 네 마음 다 알아. 내가 네 곁에 있잖아. 우리 같이 가자."

외로움은 하나님께 접속하라는 신호입니다. 사람을 찾아 헤매지 말고 당신의 영원한 친구 되신 주님께 로그인하십시오. 그분과의 대화가 시작되는 순간, 지독한 고독은 사라지고 따뜻한 동행이 시작될 것입니다.

더 깊은 묵상을 위한 질문

1. 당신은 외로움을 느낄 때 주로 무엇으로 채우려 합니까? 사울처럼 사람의 인정입니까, 레아처럼 누군가의 사랑입니까?

2. 예수님이 당신을 '종' 이 아니라 '친구' 로 부르신다는 사실이, 오늘 당신의 기도에 어떤 변화를 줄 수 있을까요?

[한 줄 기도]

나의 가장 좋은 친구 되신 예수님, 사람들에게 이해받지 못해 외로웠던 마음을 주님께 엽니다. 이제는 스스로 고립의 감옥에 갇히지 않고, 내 인생 조수석에 계신 주님과 대화하며 동행하게 하옵소서.

예수께서 그들에게 항상 기도하고
낙심하지 말아야 할 것을 비유로 말씀하여. 눅 18:1.

P·A·R·T·4

—

응답
: 하나님의 때를 기다리다

그리 아니하실지라도

"비록 무화과나무가 무성하지 못하며 포도나무에 열매가 없으며… 나는 여호와로 말미암아 즐거워하며 나의 구원의 하나님으로 말미암아 기뻐하리로다"(합 3:17-18).

대학교 시험 기간이 되면 교수님들은 성적을 평가하는 방식에 대해 고민합니다. 크게 두 가지 방식이 있는데, 하나는 '상대평가'이고 다른 하나는 '절대평가'입니다. 상대평가는 남들과 비교해서 등수가 정해집니다. 내가 90점을 받아도 남들이 다 100점을 받으면 내 학점은 떨어집니다. 반면 절대평가는 기준 점수만 넘으면 남들이 어떻든 상관없이 좋은 학점을 받습니다.

하나님께서 우리의 감사에도 점수를 주신다면 어떨까요? 감사에도 '상대 감사'와 '절대 감사'가 있습니다. 대부분의 사람은 상대 감사에 머뭅니다.

"저 집 남편보다 우리 남편이 자상해서 감사해."

"내 친구는 시험에 떨어졌는데 나는 붙어서 감사해."

"작년보다 올해 연봉이 올라서 감사해."

이런 감사는 남들과의 비교 우위에서 옵니다. 하지만 이런 감사는 위험합니다. 나보다 더 잘난 사람을 만나거나 상황이 조금만 나빠지면 금세 불평으로 변질되기 때문입니다. 하나님은 우리가 조건과 상황을 뛰어넘는 '절대 감사'의 수준에 이르기를 원하십니다.

결과가 없어도(Even If Not) 감사

하박국 선지자는 기도의 응답을 기다리던 사람이었습니다. 그런데 그가 마주한 현실은 처참했습니다. 오늘 본문 17절을 보면 '없다'는 부정어가 무려 여섯 번이나 반복됩니다.

"무화과나무가 무성하지 못하고, 포도나무에 열매가 없고, 감람나무에 소출이 없고, 밭에 먹을 것이 없고, 우리에 양이 없고, 외양간에 소가 없고…."

이 여섯 가지는 당시 이스라엘 백성들의 생계 수단이자 삶의 기초 자산이었습니다. 이것들이 다 없다는 것은 경제적 파산, 총체적

난국을 의미합니다. 곧 전쟁이 일어날 것이라는 소문이 돌고 삶의 기반은 무너져 내렸습니다.

오늘날 우리의 상황으로 바꾸어 볼까요?

"통장 잔고는 없고, 건강검진 결과는 좋지 않고, 자식은 속을 썩이고, 사업은 앞이 안 보이고, 열심히 기도했는데 눈에 보이는 응답도 없고…."

세상은 결과를 중요하게 여깁니다. 아무리 노력해도 결과가 없으면 실패라고 말합니다. 이것이 상대평가 세상의 잔인한 현실입니다. 하지만 하박국은 가장 극한의 결핍 앞에서 놀라운 선언을 합니다.

"비록 아무런 결과가 없어도, 그리 아니하실지라도 나는 감사하겠다."

많은 분이 "기도하면 응답받는다"는 믿음을 가지고 40일, 100일 작정 기도를 합니다. 그런데 기도를 마쳤는데도 상황이 변하지 않을 때가 있습니다. 여전히 아프고 여전히 가난합니다. 그때 우리는 어떻게 해야 할까요? 실망하고 기도를 멈춰야 할까요?

아닙니다. 하박국은 바로 그때가 '절대 감사'를 드릴 타이밍이라고 말합니다. 응답의 결과물 때문이 아니라, 기도하는 나 자신이 하나님 앞에 서 있다는 그 사실 하나만으로 감사하는 것, 이것이 진짜 믿음의 실력입니다.

하나님 한 분 때문에(Because of God) 감사

우리는 어떻게 결과가 없는데도 감사할 수 있을까요? 정신 승리를 하라는 것일까요? 아닙니다. 감사의 이유를 다른 곳에서 찾았기 때문입니다.

"나는 여호와로 말미암아 즐거워하며 나의 구원의 하나님으로 말미암아 기뻐하리로다"(합 3:18).

하박국은 감사의 근거를 눈에 보이는 '선물'에서 찾지 않았습니다. 선물을 주시는 '하나님'에게서 찾았습니다.

"문제가 해결되었기 때문에 감사"가 아니라 "문제가 해결되지 않았어도, 그 문제보다 크신 하나님이 나와 함께하시기에 감사"한 것입니다.

욥도 모든 재산과 자녀를 잃었을 때 이렇게 고백했습니다.

"주신 이도 여호와시요 거두신 이도 여호와시오니 여호와의 이름이 찬송을 받으실지니이다"(욥 1:21).

가져가신 것에 집중하면 원망이 나옵니다. 하지만 그 주권이 하나님께 있음을 인정하고 하나님을 바라보면 감사가 나옵니다.

제가 존경하는 한 성도의 일화입니다. 그분은 과거 직장에서 어려움을 겪고 빈손으로 쫓겨나는 아픔을 겪으셨습니다. 평생 쌓아온 헌신의 열매가 다 사라진 것 같은 실패감, 막대한 소송 비용, 사람들의 시선… 절망적인 상황이었습니다.

하지만 그분은 그 상황에서 '감사'를 선택하기로 결단했습니다. 의도적으로 매주 감사 일기를 쓰며 "실패를 통해 겸손을 배워 감사합니다", "아픈 사람의 마음을 이해하게 되어 감사합니다"라고 고백했습니다. 놀랍게도 감사를 선택하자 마음이 치유되고 무너진 삶이 다시 세워지는 기적을 경험했습니다.

감사는 상황을 해석하는 능력입니다. 원망에 발을 담그면 계속 원망할 일만 생기지만, 감사에 발을 담그면 감사할 일이 꼬리에 꼬리를 물고 일어납니다.

당신은 무엇 때문에 감사하고 있습니까? 응답받은 것 때문에 감사합니까? 그렇다면 응답이 사라지면 감사도 사라질 것입니다. 사라지지 않는 하나님, 영원하신 구원의 하나님 한 분만으로 기뻐하는 절대 감사를 회복하십시오.

높은 곳으로 다니게 하실 기대(Hope)

절대 감사를 드리면 어떤 일이 벌어질까요? 하나님은 그저 마음의 평안만 주시고 끝내실까요? 아닙니다. 19절의 반전을 보십시오.

"주 여호와는 나의 힘이시라. 나의 발을 사슴과 같게 하사 나를 나의 높은 곳으로 다니게 하시리로다."

하박국의 시선은 현재의 '없는 현실'에서 미래의 '높은 곳'으로 이동합니다.

지금은 무화과도 없고 소도 없는 메마른 평지입니다. 하지만 하나님은 나를 저 높은 곳, 승리의 자리, 영광의 자리로 이끄실 것입니다.

그런데 그 높은 곳을 어떻게 올라갈까요? 내 힘으로는 불가능합니다. 그래서 하나님은 우리의 발을 '사슴의 발'로 만들어 주십니다. 사슴(산양)은 가파른 암벽을 자유자재로 뛰어다닙니다. 떨어질 듯 아슬아슬해 보이지만, 강인한 뒷다리 근육과 탁월한 균형 감각으로 높은 곳을 정복합니다.

하나님은 우리를 헬리콥터에 태워 편안하게 정상에 올려주지 않으십니다. 대신 고난이라는 험한 산을 타게 하십니다. 왜일까요? 그 산을 타면서 우리의 연약한 다리가 '사슴의 발'처럼 강해지기 때문입니다. 영적인 근육이 생기는 것입니다.

영화 〈에반 올마이티〉에 이런 명대사가 나옵니다.

"누군가 인내를 달라고 기도하면 신은 그 사람에게 인내심을 주실까요, 아니면 인내를 발휘할 수 있는 '기회'를 주실까요? 용기를 달라고 하면 용기를 주실까요, 아니면 용기를 발휘할 '기회'를 주실까요?"

하나님은 당신에게 고난을 통해 영적 근육을 기를 기회를 주십니다. 지금 기도해도 상황이 변하지 않는 것 같습니까? 하나님이 당신의 발을 사슴의 발로 만들고 계신 중입니다. 결국 당신은 그 문제들을 밟고 올라서서 가장 높은 곳에서 하나님을 찬양하게 될 것입니다.

세상의 상대평가에 기죽지 마십시오. 하나님은 "네가 없는 중에도 나를 신뢰하느냐?"를 보시고 당신을 평가하십니다.

그리 아니하실지라도 감사하십시오. 비록 없을지라도 하나님 한 분만으로 기뻐하십시오. 그 절대 감사의 고백이 당신을 가장 높은 곳으로 이끌어 줄 것입니다.

더 깊은 묵상을 위한 질문

1. 당신은 내 손에 쥐어진 결과물(응답)이 있을 때만 감사하는 '상대 감사'에 머

    물러 있지는 않습니까?

2. 지금 당신에게 '없는 것'은 무엇입니까? 그것이 없음에도 불구하고 하나님

    때문에 감사할 수 있는 이유는 무엇일까요?

[한 줄 기도]

주님, 그리 아니하실지라도 감사합니다. 비록 내 손에 아무것도

없을지라도 나를 구원하신 하나님 한 분만으로 기뻐하며, 고난

의 산을 뛰어넘는 사슴의 발을 갖게 하옵소서.

응답의 세 가지 신호 : Yes, No, Wait

"너희가 악한 자라도 좋은 것으로 자식에게 줄 줄 알거든 하물며 하늘에 계신 너희 아버지께서 구하는 자에게 좋은 것으로 주시지 않겠느냐"(마 7:11).

기도하면 하나님은 반드시 응답하십니다. 그런데 우리가 오해하지 말아야 할 것은, 응답이 항상 내가 원하는 방식(My Way), 내가 원하는 시간(My Time)에 오는 것은 아니라는 점입니다.

신호등에 빨간불, 파란불, 노란불이 있듯이 하나님의 응답에도 세 가지 신호가 있습니다. 바로 Yes(즉시 응답), No(거절), 그리고 Wait(기다림)입니다. 많은 성도가 'Yes'만 응답이라고 생각하지만, 'No'와 'Wait' 역시 우리를 사랑하시는 하나님의 깊은 응답입니다. 파란만장했던 야곱의 인생을 통해 이 응답의 비밀을 풀어보겠습니다.

Yes : 즉각적인 응답의 때

야곱이 형 에서를 피해 도망치던 벧엘 광야의 밤을 기억하십니까? 그는 돌베개를 베고 누워 두려움에 떨고 있었습니다. 그때 하나님은 꿈에 나타나 사닥다리 환상을 보여주시며 놀라운 약속을 주셨습니다. "내가 너와 함께 있어 네가 어디로 가든지 너를 지키며 너를 이끌어 이 땅으로 돌아오게 할지라"(창 28:15).

이때 야곱은 기도하지도 않았습니다. 자격도 없었습니다. 하지만 하나님은 전적인 은혜로 찾아오셔서 "Yes"라고 말씀하셨습니다. 이것은 신앙의 초기 단계, 혹은 우리가 감당할 수 없을 만큼 지쳐있을 때 주시는 은혜입니다.

No : 훈련하시는 거절의 때

그런데 외삼촌 라반의 집에 도착한 이후, 야곱의 인생은 꼬이기 시작합니다. 무려 14년 동안이나 하나님은 벧엘에서처럼 시원하게 나타나지 않으십니다. 야곱은 사랑하는 라헬을 얻기 위해 7년을 일

했지만, 외삼촌 라반에게 속아 레아와 결혼하게 됩니다. 다시 7년을 더 일해야 했습니다. 희대의 사기꾼이었던 야곱이 자기보다 더한 사기꾼 라반을 만나 철저히 속은 것입니다.

게다가 가정은 평안했습니까? 네 명의 아내가 서로 경쟁하며 아이 낳기 전쟁을 벌입니다. '사랑과 전쟁' 같은 막장 드라마가 따로 없습니다. 야곱은 14년 동안 죽도록 고생만 했습니다. 이 기간은 하나님이 침묵하시는 것 같았고, 야곱의 계획은 모두 "No"로 거절당하는 것 같았습니다. 하지만 이것은 버림받은 것이 아니었습니다. 형을 속이고 아버지를 속였던 야곱의 모난 성품을 다듬으시는 하나님의 '훈련 학교'였습니다. 하나님은 야곱을 '이스라엘'이라는 한 민족의 조상으로 세우기 위해 그를 단련시키셔야 했습니다. 때로는 '거절'이 우리를 사람 되게 만드는 가장 확실한 응답입니다.

Wait : 그릇을 준비하는 기다림의 때

14년의 의무 복무 기간이 끝났습니다. 야곱은 이제 고향으로 돌아가고 싶었습니다. "내 집을 세우고 싶습니다"라고 라반에게 요청합니다. 하지만 라반은 야곱을 놔주지 않았고 하나님도 아직 떠날 때라는 사인을 주지 않으셨습니다. 이때부터 6년의 세월이 더 흐릅니다.

이 마지막 6년은 'Wait(기다림)'의 시간이었습니다. 그런데 이 기다림은 이전의 14년과는 달랐습니다. 야곱은 무작정 견딘 것이 아니었습니다. 그는 이 기간을 통해 하나님을 전적으로 의지하는 법을 배웁니다.

라반은 품삯을 열 번이나 변경하며 야곱을 속였지만, 야곱은 인간적인 꼼수를 쓰지 않고 하나님이 주신 지혜(꿈)를 따라 양 떼를 칩니다. 하나님은 야곱이 고향으로 돌아가서도 형 에서를 감당할 수 있을 만큼, 그리고 한 부족을 이끌 수 있을 만큼의 거부가 되게 하셨습니다. 영적으로도 물질적으로도 충분히 준비될 때까지 하나님은 "조금만 더 기다려라" 하신 것입니다.

가장 좋은 것을 주시는 아버지

우리는 어린아이와 같습니다. 어린아이가 엄마 구두를 신고 싶다며 떼를 쓴다고 해서 사주는 부모는 없습니다. 아이의 발이 다칠 것을 알기 때문입니다. 부모는 아이에게 맞는 운동화를, 아이가 걸을 수 있을 때 사줍니다. 가장 좋은 것(The Best Thing)을 가장 좋은 때(The Best Time)에 가장 좋은 방법(The Best Way)으로 주는 것이 부모의 마음입니다.

기도했는데 상황이 바뀌지 않습니까? "No"라는 하나님의 훈련

일 수 있습니다. 오랫동안 기도했는데 아직도 제자리입니까?
"Wait", 더 큰 그릇으로 빚으시는 하나님의 준비 기간일 수 있습니다. 자기 생각대로 되지 않는다고 낙심하지 마십시오. 하나님은 당신의 기도를 거절하신 것이 아니라, 당신의 생각보다 더 크고 놀라운 계획을 가지고 응답을 디자인하고 계십니다. 20년의 세월을 통해 야곱을 빚으신 하나님께서, 당신의 인생 또한 가장 아름다운 작품으로 완성하실 것입니다.

더 깊은 묵상을 위한 질문

1. 당신 인생에서 "No" 라고 거절당했다고 생각했던 일이, 지나고 보니 당신을 성장시키는 훈련이었음을 깨달았던 경험이 있습니까?

2. 지금 당신은 "Wait" 의 시간을 보내고 있습니까? 이 기다림의 시간 동안 당신이 준비해야 할 영적, 인격적 그릇은 무엇일까요?

[한 줄 기도]

나의 시간표보다 정확하신 하나님의 시간표를 신뢰합니다. 거절과 기다림조차 나를 위한 최선의 응답임을 믿고 인내하게 하옵소서.

거절, 사랑의 또 다른 얼굴

"예수께서 대답하여 이르시되 여자여 네 믿음이 크도다. 네 소원대로 되리라 하시니 그 때로부터 그의 딸이 나으니라"(마 15:28).

신앙생활을 하다 보면 하나님께 거절당한 것 같은 느낌을 받을 때가 있습니다. 간절히 기도했는데 침묵하시거나, 내가 기대했던 것과는 전혀 다른 상황이 펼쳐질 때 우리는 당혹스럽습니다. "하나님이 나를 사랑하신다면서 왜 내 기도를 외면하실까?"라는 영적 거절감(Spiritual Rejection)이 찾아오면 상처받기 쉽습니다. 버림받은 느낌, 무시당한 느낌 때문에 믿음이 뿌리째 흔들리기도 합니다.

오늘 우리는 성경에서 가장 혹독하게 거절당했던 한 여인을 만나보려 합니다. 그녀가 그 차가운 거절 앞에서 어떻게 반응했는지, 그리고 그 거절 끝에 어떤 반전이 기다리고 있었는지를 통해 하나님의 본심을 들여다보겠습니다.

세 번의 거절, 세 번의 충격

예수님께서 이스라엘 북쪽 이방 지역인 두로와 시돈으로 가셨을 때, 한 가나안 여인이 달려와 소리 지릅니다.

"다윗의 자손이여, 나를 불쌍히 여기소서 내 딸이 흉악하게 귀신 들렸나이다."

귀신 들린 딸을 둔 엄마의 심정은 지옥 같았을 것입니다. 차라리 내가 아프고 말지, 딸이 고통받는 것을 지켜보는 것은 죽기보다 힘들었을 것입니다. 그런데 소문으로만 듣던 예수님이 우리 마을에 오셨다니, 이보다 반가운 소식이 어디 있겠습니까? 그녀는 한가닥 희망을 품고 달려왔습니다.

그런데 예수님의 반응이 너무나 의외입니다.

첫 번째는 '침묵'입니다. 예수님은 한 말씀도 대꾸하지 않으셨습니다(마 15:23). 평소 병자들을 보면 불쌍히 여기시고 즉시 고쳐주셨던 예수님이 못 들은 체하십니다.

두 번째는 '차별'입니다. 제자들이 너무 시끄러우니 보내 달라고 요청하자, 예수님은 "나는 이스라엘 집의 잃어버린 양 외에는 다른

데로 보내심을 받지 아니하였노라"고 말씀하십니다(마 15:24). 너는 이방인이니 자격이 없다는 것입니다.

세 번째는 '모욕'입니다. 여인이 포기하지 않고 절하며 도와달라고 하자, 예수님은 결정타를 날리십니다. "자녀의 떡을 취하여 개들에게 던짐이 마땅하지 아니하니라"(마 15:26).

여인을 '개' 취급하셨습니다. 당시 유대인들이 이방인을 개라고 비하하긴 했지만, 사랑의 예수님 입에서 이런 말이 나올 줄은 상상도 못 했습니다. 이쯤 되면 누구라도 상처받고 돌아설 법합니다. "예수님, 진짜 너무하시네요. 사람을 어떻게 개 취급합니까?"라고 따져도 할 말이 없는 상황입니다.

거절은 목적지가 아니라 과정이다

하지만 이 여인은 포기하지 않았습니다. 왜 그랬을까요? 그녀는 거절 속에 숨겨진 예수님의 의도를 간파했기 때문입니다.

예수님은 아무 이유 없이 두로와 시돈까지 가신 게 아닙니다. 갈릴리에서 그곳까지는 80km, 서울에서 천안 정도 되는 먼 거리입니다. 예수님은 그 먼 길을 걸어서 가셨습니다. 그리고 그곳에서 딱 한 사람, 이 가나안 여인만 만나고 다시 돌아오셨습니다.

즉, 예수님의 목적은 '거절'이 아니라 '만남'이었고 '응답'이었습니다. 거절하는 척하신 것은 그녀의 믿음을 드러내고 단련하기 위한 과정(Process)이었지 결론(Purpose)이 아니었습니다.

요셉을 보십시오. 형들에게 팔려 노예가 되었을 때, 그는 하나님께 거절당한 것 같았을 것입니다. 하지만 나중에 깨닫습니다. "하나님이 생명을 구원하시려고 나를 당신들보다 먼저 보내셨나이다"(창 45:5). 거절인 줄 알았는데, 구원을 위한 하나님의 섭리였습니다.

지금 하나님의 거절 때문에 아파하고 있습니까? 기억하십시오. 거절은 목적지가 아닙니다. 응답으로 가는 징검다리일 뿐입니다.

믿음은 본심을 아는 것

여인은 예수님의 모욕적인 말에도 기분 나빠하지 않고 이렇게 대답합니다.

"주여 옳소이다마는 개들도 제 주인의 상에서 떨어지는 부스러기를 먹나이다"(마 15:27).

"맞습니다. 저는 자격 없는 개입니다. 하지만 주인의 상에서 떨어지는 부스러기라도 주십시오. 주님의 은혜가 얼마나 큰지, 부스러기만 있어도 내 딸이 나을 줄 믿습니다."

이것이 진짜 믿음입니다. 그녀는 예수님을 정확히 알았습니다. 겉으로는 쌀쌀맞게 거절하시지만(요즘 말로 '츤데레' 처럼), 속은 누구보다 따뜻하고 사랑이 많으신 분임을 알았습니다. 다윗의 자손인 메시아는 이스라엘뿐만 아니라 이방인까지도 품으시는 분임을 믿었습니다. 그래서 자존심을 내려놓고 끝까지 매달릴 수 있었습니다.

예수님은 기다렸다는 듯이 감탄하십니다.

"여자여 네 믿음이 크도다! 네 소원대로 되리라."

성경에서 예수님께 "믿음이 크다"고 칭찬받은 사람은 드뭅니다. 수제자 베드로도 물에 빠졌을 때 "믿음이 작은 자여"라고 책망받았습니다. 그런데 이 이방 여인은 헬라어로 '메가스' 즉 '메가톤급' 믿음이라고 칭찬받았습니다.

하나님이 찾으시는 믿음은 무엇입니까? 상황이 좋을 때 찬양하는 믿음이 아닙니다. 거절당하는 것 같은 상황, 이해할 수 없는 침묵 속에서도 하나님의 선하심을 끝까지 신뢰하는 믿음입니다.

거절 끝에 있는 십자가

이 이야기의 결론은 해피엔딩입니다. 하지만 우리가 잊지 말아야 할 것이 있습니다. 이 여인이 받아야 할 거절을 대신 받으신 분이 계신다는 사실입니다. 바로 예수님입니다.

예수님은 십자가에서 철저하게 거절당하셨습니다. 제자들에게 버림받고 사람들에게 조롱당하고, 심지어 하나님 아버지로부터도 외면당하셨습니다.

"엘리 엘리 라마 사박다니(나의 하나님, 나의 하나님, 어찌하여 나를 버리셨나이까)."

예수님이 십자가에서 거절당하셨기에 우리가 받아들여졌습니다. 그분이 버림받으셨기에 우리는 자녀가 되었습니다.

그러므로 우리는 인생에서 거절감을 느낄 때 십자가를 바라봐야 합니오. 마귀는 "너는 버림받았어"라고 속삭이지만, 십자가는 이렇게 말합니다.

"내가 너를 위해 거절당했다. 그러니 너는 결코 버림받지 않을 것이다. 내가 너를 끝까지 책임지겠다."

거절은 사랑의 또 다른 얼굴입니다. 지금 하나님이 침묵하시는 것 같아도 그것은 당신을 더 큰 믿음의 자리로, 더 깊은 은혜의 자리로 부르시는 사랑의 초청입니다. 포기하지 마십시오. 부스러기 은혜라도 구하며 기도로 나아갈 때, 주님은 "네 믿음이 크도다"라며 가장 좋은 것으로 응답해 주실 것입니다.

더 깊은 묵상을 위한 질문

1. 기도하다가 거절당했다고 느껴서 중단한 기도가 있습니까? 예수님의 본심(사랑)을 신뢰하며 다시 기도를 시작해 봅시다.

2. 당신은 자존심 때문에 은혜받는 기회를 놓치고 있지는 않습니까? "부스러기라도 주십시오"라고 낮아질 때 주시는 은혜를 묵상해 봅시다.

[한 줄 기도]

주님, 침묵과 거절 앞에서도 낙심하지 않게 하소서. 나를 위해 십자가에서 거절당하신 주님의 사랑을 의지하여, 끝까지 믿음으로 나아가 응답받는 인생이 되게 하옵소서.

끝까지 신실하게

"천사가 그에게 이르되 사가랴여 무서워하지 말라. 너의 간구함이 들린지라. 네 아내 엘리사벳이 네게 아들을 낳아 주리니 그 이름을 요한이라 하라"(눅 1:13).

누가복음은 예수님의 탄생 이야기에 앞서 세례 요한의 부모인 사가랴와 엘리사벳의 이야기를 먼저 소개합니다. 그들은 제사장 가문이었고 성경은 그들을 "하나님 앞에 의인이요 주의 모든 계명과 규례대로 흠이 없이 행하는 자"라고 칭찬합니다.

그런데 이 완벽해 보이는 의인 부부에게도 치명적인 결핍이 있었습니다. 바로 자식이 없다는 것이었습니다. 게다가 두 사람은 이미 나이가 많아 늙었습니다.

의인에게도 문제는 있다

우리는 흔히 '신앙생활 잘하고 착하게 살면 복 받고 만사형통할 것'이라고 생각합니다. 하지만 성경은 의인에게도 고난이 있고 흠 없는 자에게도 결핍이 있다고 말합니다. 사가랴와 엘리사벳은 평생을 하나님 앞에서 신실하게 살았지만, '불임'이라는 고통을 안고 살아야 했습니다. 당시 문화에서 무자(無子)함은 하나님의 은총을 받지 못한 수치로 여겨졌습니다.

복음은 문제를 제거해 주는 요술 방망이가 아닙니다. 복음은 문제 속에서도 하나님을 신뢰하며 살아가는 힘입니다. 하나님은 때로 당신의 사랑하는 자들에게 해결되지 않는 문제를 허락하십니다. 왜냐하면 그 문제를 통해 하나님이 하실 일이 있기 때문입니다.

기도를 듣고 계시는 하나님

두 부부는 젊은 시절부터 아이를 달라고 간절히 기도했을 것입니다. 하지만 10년, 20년, 30년이 지나고 이제는 생물학적으로 아이를 가질 수 없는 노년이 되었습니다. 아마 그들은 기도를 멈추었을지도 모릅니다. "이제는 안 되나 보다" 하고 체념했을 것입니다. 실제로 천사가 나타나 아들을 주겠다고 했을 때 사가랴는 "내가 늙고 아내도 나이가 많습니다"라며 믿지 못했습니다.

그러나 천사는 말합니다. "너의 간구함이 들린지라." 하나님은 그들의 기도를 듣고 계셨습니다. 과거 완료형이 아니라, 그들의 오랜 기도가 하나님의 기억 속에 생생하게 살아있음을 말씀하신 것입니다.

하나님은 우리의 기도를 하나도 땅에 떨어뜨리지 않으십니다. 당신이 지쳐서 포기한 기도, 너무 오래되어서 잊어버린 기도까지도 하나님은 다 듣고 계십니다. 그리고 하나님의 가장 완벽한 때(카이로스 Kairos)에 응답하십니다.

세례 요한이 태어난 시점은 사가랴 부부가 늙었을 때입니다. 인간적으로는 너무 늦은 때(Too Late)처럼 보입니다. 하지만 구원 역사적으로는 가장 완벽한 때(Best Time)였습니다. 세례 요한은 예수님보다 딱 6개월 먼저 태어나서 주님의 길을 예비해야 했기 때문입니다. 만약 그들이 젊었을 때 기도 응답을 받았다면, 그 아이는 그저 평범한 아이로 살다 갔을 것입니다. 하지만 하나님의 때에 태어났기에 "여자가 낳은 자 중에 가장 큰 자"가 되었습니다.

일상을 지키는 힘, 신실함

이 놀라운 응답의 소식은 언제 임했습니까? "마침 사가랴가 그 반열의 차례대로 하나님 앞에서 제사장의 직무를 행할 때"(눅 1:8).

사가랴는 응답이 없다고 해서 제사장직을 때려치우지 않았습니다. 자식이 없다고 해서 하나님을 원망하거나 성전을 떠나지 않았습니다. 그는 묵묵히 자신의 자리를 지켰습니다. 어제도 그랬듯 오늘도 제비 뽑아 성전에 들어가 분향했습니다. 그 지루하고 반복적인 일상, 아무 일도 일어나지 않을 것 같은 그 의무의 자리에서 하나님의 천사를 만났습니다.

이것이 '신실함'입니다. 하나님은 반짝하고 사라지는 열정이 아니라, 끝까지 기도의 자리를 지키는 신실함을 기억하십니다. "견실하며 흔들리지 말고 항상 주의 일에 더욱 힘쓰는 자들이 되라. 이는 너희 수고가 주 안에서 헛되지 않은 줄 앎이라"(고전 15:58).

우리의 기도가 당장 눈에 보이는 결과로 나타나지 않아도 괜찮습니다. 당신이 눈물로 뿌린 기도의 씨앗은 썩지 않았습니다. 하나님이 듣고 계십니다. 그리고 기억하십니다. 오늘 당신에게 맡겨진 예배의 자리, 섬김의 자리, 기도의 자리를 묵묵히 지키십시오. 하나님의 기적은 신실한 자의 일상 한가운데로 찾아옵니다.

더 깊은 묵상을 위한 질문

1. 당신은 '하나님이 내 기도를 잊으셨나?' 라고 생각하며 포기해 버린 기도 제목이 있습니까? 하나님의 'Best Time' 을 신뢰하며 다시 기도를 시작해 봅시다.

2. 응답이 없는 상황에서도 사가랴처럼 묵묵히 지켜야 할 '나의 직무(사명, 자리)' 는 무엇입니까?

[한 줄 기도]

내 시간표보다 하나님의 시간표가 더 완벽함을 믿습니다. 더디다고 불평하지 않게 하시고, 응답의 그날까지 기도의 자리를 지키는 신실함을 주옵소서.

낙심하지 말아야 할 이유

"예수께서 그들에게 항상 기도하고 낙심하지 말아야 할 것을 비유로 말씀하여"(눅 18:1).

예수님은 기도를 가르치실 때, 우리가 기도하다가 반드시 낙심할 순간이 올 것을 아셨습니다. 응답은 지연되고 현실은 더 나빠지는 것 같은 상황 말입니다. 그래서 주님은 "낙심하지 말아야 할 것"을 주제로 한 편의 비유를 들려주십니다.

끈질긴 과부와 불의한 재판장

비유에는 한 과부와 재판장이 등장합니다. 당시 과부는 사회에서 가장 약하고 힘없는 존재였습니다. 반면 재판장은 권력자였지만, "하나님을 두려워하지 않고 사람을 무시하는" 불의한 자였습니다.

이 과부에게는 억울한 사정이 있었습니다. 원한을 풀어달라고 재판장을 찾아갔지만, 그는 거들떠보지도 않습니다. 뇌물도 없고 빽도 없는 과부의 청원을 들어줄 이유가 없었기 때문입니다. 하지만 과부에게는 한 가지 무기가 있었습니다. 바로 '끈질김'입니다.

그녀는 포기하지 않고 매일 재판장을 찾아갑니다. 출근길에도 퇴근길에도 나타나서 "내 원한을 풀어주소서!"라고 외칩니다. 결국 재판장은 두 손 두 발 다 듭니다.

"내가 하나님도 안 무섭고 사람도 안 무서운데, 이 여자가 나를 너무 번거롭게 하니 내가 그 원한을 풀어주리라. 안 그러면 늘 와서 나를 괴롭게 하리라"(눅 18:4-5).

하물며 하나님께서

예수님은 이 비유를 통해 "하나님을 귀찮게 하면 들어주신다"는 것을 가르치려는 게 아닙니다. 이 비유의 핵심은 '대조(Contrast)'에 있습니다. 재판장은 불의하고 사람을 무시하는 자입니다. 과부와는 아무런 관계가 없습니다. 그런데도 귀찮아서 들어주었습니다.

"하물며 하나님께서 그 밤낮 부르짖는 택하신 자들의 원한을 풀어 주지 아니하시겠느냐"(눅 18:7).

하나님은 불의한 재판장이 아닙니다. 우리를 너무나 사랑하시는 공의로우신 아버지입니다. 우리는 힘없는 과부가 아닙니다. 하나님이 피로 값 주고 사신 '택하신 자(The Elect)', 즉 자녀입니다. 악한 재판장도 끈질김 앞에서는 항복하고 들어주는데, 하물며 사랑하는 아버지가 자녀의 눈물 섞인 부르짖음을 외면하시겠습니까? "속히 그 원한을 풀어 주시리라"는 것이 예수님의 약속입니다.

믿음을 보겠느냐

그런데 예수님은 비유를 마치시며 뼈 있는 질문을 던지십니다.

"그러나 인자가 올 때에 세상에서 믿음을 보겠느냐"(눅 18:8).

여기서 말하는 '믿음'은 무엇일까요? "하나님은 살아계십니다"라고 고백하는 지적인 동의가 아닙니다. 응답이 없는 것 같은 현실, 재판장이 무시하는 것 같은 상황 속에서도 포기하지 않고 끝까지 매달리는 끈기, 그것이 바로 예수님이 찾으시는 믿음입니다.

우리는 너무 쉽게 포기합니다. 몇 번 기도해 보고 안 되면 "하나님 뜻이 아닌가 봐" 하며 멈춥니다. 하지만 기도는 응답될 때까지 하는 것입니다. 낙심은 마귀가 주는 마음이고 인내는 성령이 주시는 마음입니다.

갈라디아서는 말합니다.

"우리가 선을 행하되 낙심하지 말지니 포기하지 아니하면 때가 이르매 거두리라"(갈 6:9).

기도하다가 낙심이 찾아옵니까? 불의한 재판장 비유를 기억하십시오. 우리 하늘 아버지는 저 재판장보다 10억 배는 더 좋으신 분입니다. 그 좋으신 아버지가 내 기도를 듣고 계십니다. 포기하지 않는 그 한 사람, '믿음'을 가진 그 한 사람을 주님은 지금도 찾고 계십니다.

더 깊은 묵상을 위한 질문

1. 기도하다가 낙심하여 중단한 제목이 있습니까? 그 이유는 무엇이었나요? 하나님의 성품(좋으신 아버지)을 다시 기억하며 기도를 재개해 봅시다.

2. 예수님이 말씀하신 "인자가 올 때에 세상에서 믿음을 보겠느냐"라는 질문에 당신은 어떻게 대답할 수 있을까요? 당신은 끈질긴 기도의 사람입니까?

[한 줄 기도]

좋으신 아버지, 응답이 더딜지라도 낙심하지 않겠습니다. 불의한 재판장도 움직이게 한 끈기를 배우게 하시고, 끝까지 부르짖어 하나님의 응답을 체험하게 하옵소서.

너희는 택하신 족속이요 왕 같은 제사장들이요
거룩한 나라요 그의 소유가 된 백성이니. 벧전 2:9.

능력
: 세상을 이기는 무릎

무너진 제단을 수축하라

"이에 여호와의 불이 내려서 번제물과 나무와 돌과 흙을 태우고 또 도랑의 물을 핥은지라"(왕상 18:38).

세상은 거대하고 우리는 작아 보일 때가 있습니다. 거대한 시대의 흐름과 가치관 앞에서 과연 나의 작은 기도가 무슨 힘이 있을까 의심이 들기도 합니다. 그때 우리는 갈멜산 꼭대기에 홀로 서 있는 기도의 용사, 엘리야를 기억해야 합니다.

850 대 1의 기도 전쟁

엘리야가 활동하던 시대는 이스라엘 역사상 최악의 영적 암흑기였습니다. 아합왕과 이세벨 왕비는 바알과 아세라 숭배를 국교화했고 온 땅은 우상 숭배로 뒤덮였습니다. 하나님의 선지자들은 학살당하거나 숨어 지내야 했습니다.

이때 엘리야는 혈혈단신으로 아합 앞에 나아가 영적 대결을 제안합니다.

"바알의 선지자 450명과 아세라의 선지자 400명을 갈멜산으로 모으시오. 불로 응답하는 신이 참 하나님입니다."

850 대 1. 인간적인 계산으로는 상대가 되지 않는 싸움입니다. 그들은 숫자도 많고 왕의 권력을 등에 업고 있었습니다. 하지만 엘리야는 전혀 주눅 들지 않았습니다. 왜냐하면 기도의 세계에서는 '쪽수'가 중요한 것이 아니라 기도를 들으시는 '대상'이 중요함을 알았기 때문입니다.

기도는 다수결이 아닙니다. 850명이 모여서 고함을 쳐도 대상이 없는 기도는 허공의 메아리일 뿐입니다. 하지만 살아계신 하나님께 연결된 단 한 사람의 기도는 850명을 압도합니다. 다윗이 골리앗을 이길 수 있었던 것도, 엘리야가 850명을 대적할 수 있었던 것도 그들 뒤에 만군의 여호와가 계셨기 때문입니다.

당신이 지금 가정에서, 직장에서 홀로 기도하고 있다 해도 두려워하지 마십시오. 하나님 편에 선 당신이 다수입니다.

기도의 통로를 확보하라

바알의 선지자들은 아침부터 정오까지 미친 듯이 소리 지르고 칼로 자해하며 피를 흘렸지만 아무런 응답이 없었습니다. 그들의 신은 존재하지 않기 때문입니다.

이제 엘리야의 차례가 되었습니다. 그가 기도를 시작하기 전에 가장 먼저 한 행동이 무엇인지 주목하십시오. 그는 하늘을 향해 불을 달라고 소리치기 전에, 먼저 "무너진 여호와의 제단을 수축(repair)"했습니다(왕상 18:30).

오랫동안 방치되어 무너져버린 제단의 돌들을 다시 쌓았습니다. 이것이 순서입니다. 우리는 불(능력, 응답)을 원하지만, 하나님은 제단(예배, 관계)을 먼저 보십니다. 하나님과의 관계가 무너진 곳에 불은 임하지 않습니다.

기도가 막히는 이유는 하나님의 귀가 어두워서가 아닙니다. 내 삶에 하나님과의 소통 통로가 죄로 인해, 나태함으로 인해, 혹은 세상과 타협하느라 막혀 있기 때문일 수 있습니다.

엘리야는 백성들에게 "너희가 어느 때까지 둘 사이에서 머뭇머뭇하려느냐"라고 질타했습니다. 양다리를 걸친 신앙을 회개하고 무너진 제단을 다시 쌓을 때 기도의 불이 내려올 착륙장이 마련됩니다. 능력을 구하기 전에 먼저 점검하십시오. 나의 기도가 하나님께 상달될 수 있는 깨끗한 통로가 확보되어 있습니까? 회개를 통해, 관계의 회복을 통해 기도의 제단을 먼저 수축하십시오.

물을 붓는 믿음, 불을 부르는 기도

제단을 쌓은 후, 엘리야는 이상한 행동을 합니다. 제물 위에 물을 붓게 합니다. 한 번, 두 번, 세 번. 도랑에 물이 가득 찰 정도로 부었습니다. 가뭄이라 물이 귀한 때에, 그것도 불을 붙여야 하는 나무 위에 물을 붓다니요. 상식적으로 불이 붙으려면 바짝 말라야 합니다.

하지만 엘리야는 기도의 응답이 인간의 조작이나 우연이 아님을 확실히 하고 싶었습니다.

"하나님, 내 힘으로는 불가능합니다. 인간의 불로는 태울 수 없습니다. 오직 하나님의 능력으로만 가능합니다."

이것은 자신의 퇴로를 차단하고 전적으로 하나님만 의지하겠다는 '배수진의 기도'였습니다.

그리고 간절히 기도합니다. 길게 중언부언하지 않았습니다. 짧지만 강력한 확신으로 기도했습니다.

"여호와여 내게 응답하옵소서… 주 여호와는 하나님이신 것과 주는 그들의 마음을 되돌이키심을 알게 하옵소서"(왕상 18:37).

그러자 하늘에서 불이 내려와 젖은 제물을 태우고 도랑의 물까지

핥아버렸습니다. 물이 흥건하여 도저히 불이 붙을 수 없는 상황이라도 상관없습니다. 하나님이 응답하시면 물도 태우십니다.

당신 삶에 하나님의 능력이 나타나지 않아 답답하십니까? 당신의 노력으로 불을 피우려 하지 말고 엘리야처럼 무릎을 꿇으십시오. 무너진 관계를 회복하고 인간적인 가능성을 다 내려놓은 채 오직 하나님의 이름만 부르십시오. 그때 세상을 이기는 기도의 불이 당신 삶에 임할 것입니다.

더 깊은 묵상을 위한 질문

1. 당신 기도의 응답을 위해 자기 노력으로 불을 피우려 했습니까, 아니면 하늘의 불을 구했습니까?

2. 당신 삶에서 기도의 불이 내리기 위해 먼저 수리해야 할 '무너진 제단(하나님과의 관계, 죄의 문제 등)'은 무엇입니까?

[한 줄 기도]

나의 노력으로 해결하려던 교만을 내려놓습니다. 내 삶의 무너진 기도의 제단을 다시 쌓고 주님의 이름을 부르오니, 성령의 불로 응답하여 주시옵소서.

감옥 문을 여는 한밤의 찬송

"한밤중에 바울과 실라가 기도하고 하나님을 찬송하매 죄수들이 듣더라"(행 16:25).

우리는 하나님의 뜻대로 순종하면 만사형통할 것이라고 기대합니다. 하지만 현실은 그렇지 않을 때가 적지 않습니다. 하나님의 뜻에 순종했는데 오히려 고난을 당하거나 억울하게 감옥에 갇힐 때가 있습니다. 그때 우리는 무엇을 해야 할까요?

원망이 기도로 바뀌기까지

바울과 실라는 아시아 선교를 계획했지만, 성령의 강권적인 인도하심에 따라 유럽(마게도냐)으로 건너갔습니다. 그 첫 성 빌립보에서 귀신 들린 여종을 고쳐주었습니다. 귀신을 쫓아내고 한 영혼을 구원한 선한 일이었습니다.

그런데 그 결과는 참혹했습니다. 여종의 주인들은 돈벌이가 끊기자 그들을 고소했습니다. 옷이 찢기고 매를 심하게 맞은 뒤, 깊은 지하 감옥에 갇혔습니다. 발에는 차꼬가 채워졌습니다. 칠흑 같은 어둠, 쓰라린 상처, 억울한 누명. 이것이 순종의 대가란 말입니까? 이 상황에서 가장 자연스러운 반응은 '원망'과 '불평'입니다.

"하나님, 아시아에 있겠다는 우리를 억지로 이곳으로 보내놓고, 기껏 주시는 게 감옥입니까?"라고 따질 만합니다.

하지만 성경은 놀라운 기록을 남깁니다.

"한밤중에 바울과 실라가 기도하고….."

그들은 원망 대신 기도를 선택했습니다. 처음부터 기쁨의 찬송이 터져 나왔을까요? 아닐 겁니다. 매 맞은 자리가 욱신거리고, 상황이 너무 억울해서 처음에는 신음 섞인 기도를 드렸을 것입니다.

"주님, 너무 아픕니다. 억울합니다. 하지만 우리가 이곳에 온 것은 내 고집이 아니라 주님의 인도하심이었습니다. 그렇다면 이 감옥에도 주님의 뜻이 있음을 믿습니다."

기도는 내 시선을 '아픈 현실'에서 '선하신 하나님'께로 돌리는 작업입니다. 원망과 불평으로 시작될 뻔했던 그들의 밤은, 깊은 기도를 통해 하나님을 향한 신뢰로 바뀌기 시작했습니다.

찬송, 기도의 가장 높은 단계

그들이 깊이 기도하며 하나님을 신뢰하게 되었을 때, 그들의 영혼에서 놀라운 변화가 일어났습니다. 기도가 '찬송'으로 바뀐 것입니다.

찬송은 곡조 있는 기도이자, 기도의 승리 선언입니다. 기도가 무르익어 하나님을 온전히 신뢰하게 될 때, 우리 입술에서는 탄식 대신 찬송이 터져 나옵니다. 바울과 실라의 찬송은 감정이 좋아서 부른 노래가 아니었습니다. 그것은 믿음의 선포였습니다.

"비록 내 몸은 감옥에 묶여 있지만, 내 영혼은 하나님 안에서 자유합니다. 하나님은 여전히 신실하십니다."

그들의 기도 소리와 찬송 소리가 얼마나 강력했는지, 성경은 "죄수들이 듣더라"라고 기록합니다. 절망과 한숨만 가득하던 감옥에, 기도가 만들어낸 소망의 울림이 퍼져나간 것입니다.

기도가 만든 기적, 섭리를 열다

그들이 기도하고 찬송할 때, 기적이 일어났습니다. 갑자기 큰 지진이 나서 옥터가 움직이고, 감옥 문이 다 열리며 사람들의 매인 것이 다 벗어졌습니다. 기도가 막힌 담을 헐고, 찬송이 묶인 사슬을 끊은 것입니다. 그런데 더 중요한 응답은 '열린 문' 그 자체가 아니었습니다. 기도를 통해 그들은 하나님의 '큰 그림(Big Picture)'을 보게 되었습니다.

감옥 문이 열렸을 때 간수는 죄수들이 도망친 줄 알고 자결하려 했습니다. 그때 바울이 소리칩니다.

"네 몸을 상하지 말라. 우리가 다 여기 있노라."

문이 열렸는데도 도망가지 않았습니다. 기도를 통해 하나님의 마음을 알았기 때문입니다. 이 감옥행은 억울한 사고가 아니라, 바로 이 간수와 그 가족을 구원하기 위한 하나님의 섭리였음을 깨달은 것입니다.

"주 예수를 믿으라. 그리하면 너와 네 집이 구원을 받으리라"(행 16:31).

이 위대한 구원의 역사는 감옥이라는 고난의 현장에서 깨어 기도하던 사람들을 통해 이루어졌습니다.

사랑하는 여러분, 인생의 한밤중을 지나고 계십니까? 억울하고 답답해서 잠이 오지 않습니까? 그때가 바로 기도할 때입니다. 불평은 상황을 바꾸지 못하지만, 기도는 상황을 해석하는 눈을 바꿔줍니다.

기도하십시오. 하나님을 신뢰할 수 있을 때까지, 입에서 원망 대신 찬송이 터져 나올 때까지 기도하십시오. 그때 당신을 묶고 있는 옥문이 열리고 고난 뒤에 숨겨진 하나님의 놀라운 섭리가 보이기 시작할 것입니다.

더 깊은 묵상을 위한 질문

1. 고난이 닥쳤을 때 당신의 첫 반응은 무엇입니까? 원망입니까, 아니면 기도의 자리로 나아가는 것입니까?

2. 기도가 깊어져 탄식이 찬송으로 바뀌는 경험을 해본 적이 있습니까? 기도로 마음의 감옥 문을 열었던 경험을 나누어 봅시다.

[한 줄 기도]

억울한 상황에서도 불평 대신 기도를 선택하게 하소서. 기도를 통해 하나님을 신뢰하게 하시고, 마침내 내 입술의 기도가 찬송이 되어 인생의 옥문을 열게 하옵소서.

기도는 최고의 백신입니다

"그곳에 이르러 그들에게 이르시되 유혹에 빠지지 않게 기도하라
하시고… 예수께서 힘쓰고 애써 더욱 간절히 기도하시니 땀이 땅
에 떨어지는 핏방울 같이 되더라"(눅 22:40,44)

우리는 살면서 예기치 못한 '절체절명'의 위기를 만납니다. 갑자
기 건강에 적신호가 켜지거나 사업이 휘청거리거나 믿었던 사람에
게 배신을 당하는 순간들이 닥쳐옵니다. 이런 위기 앞에서 사람들
의 반응은 극명하게 갈립니다. 어떤 사람은 두려움에 사로잡혀 무
너지고 어떤 사람은 담대하게 상황을 돌파해 나갑니다.

그 차이는 어디서 올까요? 오늘 우리는 인류 역사상 가장 긴박했
던 밤, 겟세마네 동산으로 가보려 합니다. 그곳에는 위기를 대처하

는 두 가지 전혀 다른 모습이 존재했습니다. 바로 '기도하신 예수님'과 '기도하지 않은 제자들'입니다.

습관을 따라, 기도의 백신을 맞다

최후의 만찬을 마치신 예수님은 제자들을 데리고 감람산으로 가셨습니다. 성경은 "습관을 따라" 가셨다고 기록합니다. 예수님에게 기도는 특별한 위기 때만 꺼내 쓰는 비상약이 아니었습니다. 매일의 삶을 지탱하는 호흡이자, 거룩한 리듬이었습니다.

하지만 이날의 기도는 평소와 달랐습니다. 십자가라는 거대한 죽음의 그림자가 턱밑까지 차올랐기 때문입니다. 예수님은 제자들에게 말씀하십니다.

"유혹에 빠지지 않게 기도하라"(눅 22:40).

그리고 예수님은 제자들과 돌 던질 만큼의 거리, 약 30~40미터 정도 떨어진 곳에서 무릎을 꿇으셨습니다. 제자들의 눈에 보이고 신음이 들릴 만한 거리였습니다. 예수님은 그곳에서 땀방울이 핏방울이 되도록(모세혈관이 터질 만큼) 처절하게 기도하셨습니다.

왜 그렇게 기도하셨을까요? 예수님은 아셨기 때문입니다. 기도는 앞으로 닥쳐올 거대한 시험과 유혹을 이기게 하는 '최고의 백신(Vaccine)'이라는 것을 말입니다. 백신을 맞으면 바이러스가 침투

해도 이겨낼 항체가 생기듯, 미리 기도로 무장하면 어떤 시련이 와도 영혼이 무너지지 않습니다.

기도의 결과 : 해석과 순종의 능력

기도를 마치신 예수님의 모습은 놀라울 정도로 담대했습니다.

곧이어 가룟 유다가 대제사장들이 보낸 무장 병력을 이끌고 들이 닥쳤습니다. 그들은 검과 몽치를 들고 살기를 내뿜으며 예수님을 포위했습니다.

보통 사람이라면 당황해서 도망치거나 억울함을 호소했을 것입니다. "내가 무슨 죄를 지었다고 이러느냐!"

하지만 예수님은 당당하게 말씀하십니다.

"내가 날마다 너희와 함께 성전에 있을 때에 내게 손을 대지 아니하였도다. 그러나 이제는 너희 때요 어둠의 권세로다"(눅 22:53).

예수님은 지금 벌어지는 상황을 정확하게 '해석' 하셨습니다.

"내가 힘이 없어서 잡히는 게 아니다. 내가 작전을 잘못 짜서 당하는 게 아니다. 지금은 하나님의 말씀이 성취되어야 할 때이며, 십자가를 져야 할 하나님의 타이밍이다."

기도하면 해석이 달라집니다. 기도하지 않으면 고난은 그저 '재수 없는 일' 이고 '억울한 사고' 일 뿐입니다. 인과관계를 따지며 "왜

나에게 이런 일이?"라고 원망하게 됩니다. 하지만 기도의 백신을 맞은 사람은 고난 속에서도 하나님의 뜻을 발견합니다.

"이것 또한 하나님의 섭리 안에 있다."

이런 사실을 알기에, 상황에 압도되지 않고 담대하게 순종의 길을 걸어갈 수 있습니다.

예전에 제가 치과 치료를 받을 때의 일입니다. 의사 선생님이 "조금 아플 겁니다"라고 미리 말씀해 주셨습니다. 마취 주사가 들어올 때 정말 아팠지만 꾹 참았습니다. 왜냐하면 이 아픔이 나를 치료하는 과정임을 이해했기 때문입니다.

그런데 만약 길 가는데 누가 갑자기 저를 붙잡고 강제로 이를 뽑으려 한다면 어떨까요? 죽기 살기로 저항하고 도망칠 것입니다. 이해가 안 되기 때문입니다.

기도는 고난을 '치료의 과정'으로, '하나님의 뜻을 이루는 과정'으로 이해하게 만듭니다. 그래서 도망치지 않고 그 잔을 마실 수 있는 용기를 줍니다.

백신을 맞지 않은 자의 비극

반면, 제자들은 어땠을까요? 예수님이 그토록 "시험에 들지 않게 기도하라"고 당부하셨지만, 그들은 잠을 잤습니다. 성경은 그들이

"슬픔으로 인하여 잠든 것"이라고 말합니다. 예수님의 고난 예고와 무거운 분위기에 감정적으로 짓눌려(Emotional Overload) 회피하고 싶었던 것입니다.

기도해야 할 때 기도하지 않은 결과는 참혹했습니다.

무장한 군인들이 들이닥치자 제자들은 혼비백산했습니다. 그중 베드로는 충동적으로 칼을 뽑아 대제사장의 종(말고)의 귀를 잘라 버렸습니다.

"주여 우리가 칼로 치리이까!"

이것은 제자다운 모습이 아닙니다. 예수님은 평소에 원수도 사랑하라고 가르치셨는데, 위기 상황이 오자 본능적인 혈기와 폭력이 튀어나온 것입니다. 누가복음은 의도적으로 이 장면에서 그들을 '제자'라 부르지 않고 '그중 한 사람'이라고 칭합니다. 기도하지 않으면 제자의 정체성마저 잃어버리게 됩니다.

예수님은 베드로를 말리시며 "이것까지 참으라"고 하십니다. 그리고 떨어진 귀를 붙여 낫게 하십니다.

어떻게 '이것까지' 참을 수 있습니까? 억울하게 잡혀가는 마당에, 칼을 휘두르는 저들을 어떻게 참습니까? 인간적으로는 불가능합니다. 하지만 기도의 힘으로 하나님의 뜻을 본 사람은 참을 수 있습니다. 하나님의 방법은 칼(무력)이 아니라 십자가(희생)임을 알기 때문입니다.

결국 기도하지 않은 제자들은 모두 예수님을 버리고 도망쳤습니다. 한 청년(마가)은 홑이불을 벗어 던지고 알몸으로 도망치는 수치까지 겪었습니다.

기도하지 않으면 우리는 결정적인 순간에 비겁해집니다. 내 감정을 이기지 못해 일을 그르치고, 두려움에 굴복하여 도망자가 됩니다.

다시, 기도의 자리로

실패했던 제자들이 다시 일어선 곳은 어디였을까요? 공교롭게도 도망쳤던 그 청년, 마가의 집에 있던 다락방이었습니다. 예수님 승천 후 그들은 그곳에 모여 전심으로 기도했습니다.

"이제는 실패하면 안 된다. 기도가 아니면 살 수 없다. 기도하면 승리한다."

처절하게 기도했을 때 성령이 임했습니다. 겁쟁이였던 그들이 기도의 백신을 맞자 완전히 다른 사람이 되었습니다. 고난의 칼 앞에서도 도망치지 않고 복음을 위해 목숨을 내놓는 위대한 사도가 되었습니다.

제자라면 마땅히 기도해야 합니다. 스승이신 예수님도 땀이 핏방울 되도록 기도하셨다면, 연약한 우리는 얼마나 더 기도해야 하겠습니까?

세상을 이기는 힘은 혈기나 능력이 아닙니다. 기도를 통해 얻는 하나님의 능력입니다. 기도의 백신을 맞으십시오. 그러면 어떤 시험과 유혹이 닥쳐와도 당신은 무너지지 않고 넉넉히 이길 수 있습니다.

더 깊은 묵상을 위한 질문

1. 위기의 순간, 당신은 본능적으로 칼(인간적인 방법, 혈기)을 먼저 뽑습니까, 아니면 무릎(기도)을 먼저 꿇습니까?

2. 최근 기도하지 않아서 감정 조절에 실패하거나, 유혹에 넘어진 경험이 있습니까? "이것까지 참으라" 는 주님의 음성을 묵상해 봅시다.

[한 줄 기도]

주님, 기도하지 않고는 시험을 이길 재간이 없음을 고백합니다. 깨어 기도함으로 유혹을 이기게 하시고, 내 혈기가 아닌 주님의 뜻을 이루는 참된 제자가 되게 하옵소서.

나의 가장 소중한 꿈을 드릴 때

"사자가 이르시되 그 아이에게 네 손을 대지 말라. 그에게 아무 일도 하지 말라. 네가 네 아들 네 독자까지도 내게 아끼지 아니하였으니 내가 이제야 네가 하나님을 경외하는 줄을 아노라"(창 22:12).

우리는 누구나 꿈을 꿉니다. 성공하고 싶고 자녀가 잘되기를 바라고 행복한 가정을 꾸리고 싶어 합니다. 좋은 꿈을 꾸는 것은 하나님이 주신 선물입니다. 하지만 때로는 그 꿈이 하나님보다 더 커져서, 우리 삶을 삼켜버리는 우상이 되기도 합니다.

이 책의 마지막 장에서 저는 여러분께 '가장 소중한 것을 기도로 드리는 법'에 대해 나누려 합니다.

100세에 얻은 꿈, 이삭

아브라함에게 가장 큰 꿈은 '아들'이었습니다. 그는 75세에 고향을 떠날 때부터 이 꿈 하나를 붙들고 살았습니다. 그리고 무려 25년을 기다려 100세가 되어서야 아들 이삭을 얻었습니다. 이삭은 단순한 아들이 아니었습니다. 아브라함의 웃음이었고 미래였고 하나님의 약속이 성취된 증거였습니다. 눈에 넣어도 아프지 않을 이 아들을 보며 아브라함은 매일매일 행복했을 것입니다. 이삭은 아브라함 인생의 전부였습니다.

그런데 어느 날, 청천벽력 같은 하나님의 명령이 떨어집니다. "네 아들 네 사랑하는 독자 이삭을 데리고 모리아 땅으로 가서… 그를 번제로 드리라"(창 22:2). 번제는 제물을 죽여서 불에 태워 드리는 제사입니다. 하나님은 지금 아브라함에게 "네 꿈을 내놓아라", "가장 소중한 것을 포기해라" 말씀하시는 것입니다. 하나님은 왜 이렇게 잔인한 요구를 하시는 걸까요?

선물이 우상이 될 때

하나님께서 아브라함을 시험하신 이유는 그를 괴롭히기 위해서가 아닙니다. 아브라함을 사랑하셨기 때문입니다. 아브라함에게 이삭은 너무나 소중했습니다. 그런데 어느 순간부터 이삭이 하나님보다 더 소중한 존재, 즉 '우상'이 되어가고 있었습니다. 하나님이 주신 선물(이삭)이 선물 주신 분(하나님)의 자리를 차지해 버린 것입니다.

꿈이 우상이 되면 그 꿈은 우리를 행복하게 하는 것이 아니라 불안하게 만듭니다. '이것이 없으면 나는 죽어', '이것을 잃어버리면 내 인생은 끝이야' 라는 두려움이 우리를 지배합니다. 하나님은 아브라함이 아들의 노예가 되는 것을 원치 않으셨습니다. 그래서 그의 삶의 우선순위를 바로잡기 위해 가장 아픈 부분을 건드리신 것입니다.

기도는 내 뜻이 하나님의 뜻으로 바뀌는 시간

그렇다면 우리는 어떻게 내 안에 깊이 뿌리 박힌 우상을 내려놓을 수 있을까요? 억지로 떼어내려 하면 살점이 떨어져 나가는 고통이 따릅니다. 가장 자연스럽게 내려놓는 방법은 '기도' 밖에 없습니다.

아브라함은 하나님의 명령을 듣고 3일 길을 걸어 모리아산으로 갔습니다. 그 3일은 그에게 침묵과 고뇌의 시간이었지만, 동시에 가장 치열한 기도의 시간이었습니다. 처음 기도할 때는 "하나님, 안 됩니다. 이삭만은 안 됩니다. 차라리 제 목숨을 가져가세요"라고 저항했을지도 모릅니다. 이것이 정직한 기도의 시작입니다. 내 뜻과 내 소원을 솔직하게 아뢰는 것입니다. 하지만 기도가 깊어지면 변화가 일어납니다.

기도하다 보면 내 손에 꽉 쥐고 있던 힘이 빠지기 시작합니다. 내가 움켜쥐고 있는 것이 나를 살리는 것이 아니라, 하나님이 나를 살리신다는 것을 깨닫게 됩니다. "하나님, 이삭도 주님이 주셨습니다. 주님이 주신 것이니 주님께 맡깁니다."

기도는 내 뜻을 관철하는 고집이 아닙니다. 내 뜻에서 시작했다가 주님의 뜻으로 마무리되는 과정이 바로 기도입니다. 아브라함이 칼을 들어 이삭을 바치려 했던 것은 순간적인 충동이 아니었습니다. 기도의 과정을 통해 자신의 가장 소중한 것을 하나님께 온전히 맡기는 '항복(Surrender)'에 이르렀기에 가능한 순종이었습니다.

예수님의 마지막 기도, "아버지 손에 부탁하나이다"

이 기도의 절정은 예수님에게서 완성됩니다. 예수님도 겟세마네 동산에서 처음에는 "이 잔을 내게서 옮기시옵소서"라고 기도하셨습니다. 자신의 원함을 솔직하게 아뢰었습니다. 하지만 기도가 깊어지자 "그러나 나의 원대로 마시옵고 아버지의 원대로 하옵소서"라고 고백하셨습니다.

그리고 십자가 위에서 마지막 숨을 거두시며 이렇게 기도하셨습니다. "아버지, 내 영혼을 아버지 손에 부탁하나이다"(눅 23:46).

자신의 생명, 자신의 영혼, 자신의 모든 것을 아버지 손에 온전히 맡기는 이 '부탁(Entrust)'이야말로 기도의 클라이맥스입니다. 예수님의 이 기도가 있었기에 우리가 구원을 얻고 하나님의 자녀가 되었습니다. 예수님은 가장 소중한 생명을 내려놓으셨지만, 하나님은 그분을 부활의 영광으로 다시 살리셨습니다.

아브라함도 마찬가지였습니다. 그가 기도로 이삭을 내려놓았을 때, 하나님은 "그 아이에게 손을 대지 말라" 막으셨습니다. 그리고 수풀에 걸린 숫양을 준비해 주셨습니다(여호와 이레). 아브라함은 이삭을 잃지 않았습니다. 오히려 '우상으로서의 이삭'은 죽고 '하나님의 선물로서의 이삭'을 돌려받았습니다.

자, 이제 우리 꼭 쥐고 있는 손을 펍시다. 그래야 하나님이 주시는 더 큰 것을 잡을 수 있습니다. 억지로 놓으려 하지 말고 기도의 자리로 나아가면 됩니다. 기도하다 보면 하나님이 얼마나 좋은 분인지, 그분 손이 내 손보다 얼마나 안전한지 알게 됩니다. 그때 우리는 가장 자연스럽게, 그리고 기꺼이 자기의 가장 소중한 꿈을 하나님께 드릴 수 있습니다.

이제 당신의 이삭을 기도의 제단 위에 올려놓으십시오. 그리고 예수님처럼 기도하십시오. "내 뜻대로 마옵시고 아버지의 뜻대로 하옵소서. 내 영혼을, 내 꿈을 아버지 손에 부탁하나이다."

더 깊은 묵상을 위한 질문

1. 지금 당신 삶에서 하나님보다 더 사랑하거나, 하나님보다 더 의지하고 있는

    '나의 이삭'은 무엇입니까?

2. 기도하면서 자기 고집이 꺾이고 하나님의 뜻에 항복했던 경험이 있습니까?

    기도가 어떻게 마음을 변화시키는지 묵상해 봅시다.

[한 줄 기도]

주님, 내 손에 꽉 쥐고 있던 나의 이삭을 주님께 올려드립니다.

기도를 통해 내 욕심이 녹아내리게 하시고, 가장 소중한 것을 가

장 안전한 주님의 손에 맡기는 믿음을 주옵소서.

당신은 축복하는 사람입니다

"너희는 택하신 족속이요 왕 같은 제사장들이요 거룩한 나라요 그의 소유가 된 백성이니"(벧전 2:9).

하나님께 로그인하는 것으로 시작된 우리 기도의 여정이 어느덧 막바지에 이르렀습니다. 우리는 기도를 통해 하나님을 아빠라 부르는 특권을 누렸고(접속), 인생의 갈림길에서 하나님의 뜻을 물었으며(주파수), 상한 마음을 치유받고(회복), 하나님의 때를 기다리는 법을 배웠으며(응답), 마침내 나를 온전히 내어드리는 순종의 자리(능력)까지 나아왔습니다.

이제 마지막으로 여러분께 드리고 싶은 말씀은 이것입니다.

"기도하는 당신은 복을 비는 사람, 즉 축복하는 사람입니다."

야곱의 말년, 축복하는 인생

창세기 49장에는 파란만장한 인생을 살았던 야곱의 마지막 모습이 나옵니다. 험악한 세월을 보냈던 야곱이지만, 그의 말년은 아름다웠습니다. 그는 침상에 앉아 열두 아들을 하나하나 불러 축복합니다.

야곱은 더 이상 남의 발목을 잡는 자가 아니었습니다. 그는 하나님의 대리자가 되어 자녀들의 미래를 축복하고 예언하는 기도의 사람이 되었습니다. 특히 요셉을 향한 그의 축복 기도는 놀랍습니다.

"요셉은 무성한 가지 곧 샘 곁의 무성한 가지라. 그 가지가 담을 넘었도다"(창 49:22).

야곱은 기도를 통해 요셉의 미래를 보았습니다. '샘 곁에 심긴 나무'처럼 말씀의 은혜를 입고, 그 풍성함이 '담을 넘어' 이웃과 열방을 살리는 축복의 통로가 될 것을 선포했습니다. 그리고 그 기도는 역사 속에서 그대로 이루어졌습니다.

왕 같은 제사장의 권세

구약 시대에는 제사장들에게만 축복권이 있었습니다. 하나님께서는 "아론과 그의 아들들이 내 이름으로 이스라엘 자손에게 축복할지니 내가 그들에게 복을 주리라" 약속하셨습니다(민 6:27).

그런데 오늘날은 다릅니다. 예수 그리스도를 통해 만인 제사장 시대가 열렸습니다. 베드로전서는 우리 모두를 '왕 같은 제사장'이라고 부릅니다. 이것은 저와 여러분에게도 세상을 향해, 자녀를 향해, 이웃을 향해 기도로 축복할 수 있는 권세가 주어졌다는 뜻입니다.

기도는 나 혼자 잘 먹고 잘살기 위한 수단이 아닙니다. 기도는 흘려보내는 것입니다. 기도의 자리에서 채움받은 하나님의 사랑과 능력을 세상으로 흘려보내는 통로가 되는 것입니다.

가정에서 자녀들의 머리에 손을 얹고 기도해 주십시오. 힘들어하는 남편과 아내를 위해 축복하십시오. 직장에서 동료들을 위해 마음으로 축복하며 기도하십시오. 우리가 기도할 때, 하나님께서 우리가 빈 그 복을 그들에게 내리실 것입니다.

기도로 세상을 경영하라

기도는 가장 위대한 사역입니다.

"우리가 일할 때는 우리가 일하는 것이지만, 우리가 기도할 때는 하나님이 일하십니다"(When we work, we work. When we pray, God works).

세상은 돈과 권력으로 움직이는 것 같지만, 실상은 깨어있는 성도들의 기도로 움직입니다. 기도의 골방은 세상의 중심입니다. 그곳에서 역사가 바뀝니다.

이제 이 책을 덮고 기도의 자리로 나아가십시오. 하나님께 로그인하십시오. 그리고 당신에게 주어진 기도의 권세로 당신의 가정과 교회, 그리고 이 시대를 마음껏 축복하십시오.

하나님은 지금도 당신의 기도를 기다리고 계십니다.

나의 노력으로 해결하려던
교만을 내려놓습니다.
내 삶의 무너진 기도의 제단을 다시 쌓고
주님의 이름을 부르오니,
성령의 불로 응답하여 주시옵소서.

"
사람이 마음으로 자기의 길을 계획할지라도
그의 걸음을 인도하시는 이는 여호와시니라. 잠 16:9.
"

다시, 기도를 시작하는 당신을 위한 묵상 기도문

나의 아빠, 하나님께 로그인합니다

하늘에 계신 나의 아버지,

지난밤에도 저를 지켜주시고 오늘도 변함없이 은혜의 보좌 앞으로 불러주시니 감사합니다.

나의 호흡이자 생명이신 주님께 이 시간 마음의 빗장을 풀고 접속(Log-in)합니다.

주님, 솔직히 고백합니다. 저는 그동안 하나님을 너무 어렵고 멀게만 느꼈습니다. 마치 옆집 아저씨를 대하듯 서먹했고 때로는 무서운 재판관 앞에 선 죄인처럼 두려워 숨고 싶었습니다. 기도의 자리에 나아올 때마다 무언가 대단한 자격을 갖춰야만 할 것 같았고 내 삶이 번듯하고 성공해야만 주님이 미소 지어 주실 것이라 착각했습니다. 그래서 죄책감에 눌려 기도를 미뤘고 바쁘다는 핑계로 로그아웃 상태로 살았습니다.

하지만 주님은 저에게 어떤 화려한 미사여구도 대단한 성취도 요구하지 않으셨습니다. 오직 예수 그리스도의 십자가 보혈, 나를 위해 찢기신 그 사랑 하나면 충분하다고 말씀해 주셨습니다. 바리새인의 화려한 기도보다 세리의 가슴 치는 통회를 기뻐 받으시는 주님, 내 의(義)가 아닌 예수님의 공로를 의지하여 떨리는 마음으로 나아갑니다.

이제 담대하게 주님의 이름을 부릅니다.

"아빠, 아버지."

이 친밀한 이름 하나가 제 영혼의 굳게 닫힌 문을 엽니다. 우주를 만드신 전능자가 나의 아빠가 되신다는 사실이 오늘 제 영혼을 전율케 합니다.

주님, 세상은 끊임없이 저를 평가하고 점수 매기려 합니다. "너는 이것밖에 안 돼", "너는 실패했어"라며 저를 '게달의 장막' 처럼 초라하고 보잘것없는 존재로 몰아세웁니다. 그래서 저조차 저를 사랑하지 못할 때가 많았습니다. 하지만 주님은 저를 향해 "너는 가시나무 가운데 피어난 나의 백합화"라고 말씀해 주셨습니다. 수많은 사람 중의 하나가 아니라, 주님께 유일하고 특별한 존재임을 깨닫습니다. 세상의 시선이 아닌, 아빠 아버지의 따뜻한 시선으로 저를 보게 하시니 감사합니다.

예수님께서 십자가에서 육체를 찢으사 열어놓으신 그 새롭고 산 길, 휘장 사이로 열린 그 생명의 길로 지금 걸어갑니다. 더 이상 문 밖에서 손님처럼 서성이지 않겠습니다. 왕의 자녀 된 권세를 가지고 은혜의 보좌 앞으로 당당히 로그인합니다.

나의 아빠 되신 하나님, 지금 이 시간 주님 품에 깊이 안깁니다. 세상의 소음을 차단하고 오직 주님의 음성에 귀를 기울이오니, 주님의 사랑으로 메마른 내 영혼을 가득 채워 주시옵소서.

나를 자녀 삼으신 예수님의 이름으로 기도합니다. 아멘.

내 뜻을 내려놓고 주님의 뜻을 묻습니다

나의 길 되시고 진리 되시는 주님,

어두운 인생길에서 방황할 때마다 말씀의 빛으로 제 발걸음을 비추어 주시니 감사합니다.

한 치 앞도 알 수 없는 인생의 광야에서 주님의 세밀한 인도를 구합니다. 주님, 저는 그동안 제 인생의 운전대를 제가 잡고 살았습니다. 내가 계획한 대로, 내가 원하는 시간에, 내가 원하는 결과가 나와야만 성공한 인생이라 믿었습니다. 그래서 길이 막힐 때마다 좌절했고, 내 뜻대로 되지 않을 때마다 하나님이 무심하시다며 원망했습니다. 바울이 아시아로 가려 했을 때 그 길을 막으셔서 유럽의 문을 여셨던 주님의 큰 그림(Big Picture)을 보지 못했습니다. 나의 짧은 생각과 좁은 시야를 용서하여 주옵소서.

주님, 이제 나의 고집스러운 계획을 내려놓고 주님의 주파수에 내 영혼을 맞춥니다. 내 계획이 무너진 그 자리에서, 내 생각이 멈춘 그 자리에서 비로소 하나님의 위대한 계획이 시작됨을 믿습니다. 길이 막히는 것조차 거절이 아니라, 나를 더 좋은 길, 가장 안전한 길로 인도하시려는 하나님 사랑의 사인(Sign)임을 신뢰합니다.

다윗이 위급한 순간마다 자신의 상식을 의지하지 않고 "내가 올라가리이까?"라고 물었던 것처럼, 저도 인생의 크고 작은 선택 앞에서 주님께 먼저 묻기를 원합니다. 내 경험과 알량한 지식을 의지하지 않게 하옵소서. 당장 눈앞에 보이는 이익에 눈이 멀어 엔게디 동굴의 사울처럼 '가짜 기회'를 덥석 무는 어리석음을 범하지 않게 하옵소서. 겉보기엔 화려해 보여도 주님이 기뻐하지 않으시는 길이라면 멈추게 하시고, 좁고 험해 보여도 주님이 가라 하시는 길이라면 담대히 걷게 하옵소서.

복잡하고 혼란한 세상 속에서 길을 잃지 않는 유일한 방법은 내비게이션 되시는 주님께 끊임없이 질문하는 것임을 깨닫습니다.

"주님, 지금입니까? 주님, 이 사람입니까? 주님, 제가 멈춰야 합니까, 아니면 나아가야 합니까?"

나의 끊임없는 질문이 기도가 되게 하시고, 주님의 말씀이 내 발의 등이요 내 길의 빛이 되게 하옵소서. 그리하여 내 욕심이 이끄는 길이 아니라, 주님이 예비하신 가장 완전한 길, 의의 길로 걷게 하옵소서.

길 되신 예수 그리스도의 이름으로 기도합니다. 아멘.

상한 마음 그대로 주님께 쏟아놓습니다

나의 피난처요 위로자 되시는 주님,

세상 그 누구도 알지 못하는 제 마음의 깊은 슬픔까지 헤아리시고 따뜻한 품으로 안아주시니 감사합니다.

세상살이에 지치고 상처 입은 마음을 이끌고 주님 앞에 엎드립니다. 사람들에게 치이고 상황에 눌려 제 마음이 매우 아픕니다. 억울한 일을 당해도 하소연할 곳이 없고 군중 속에 있어도 뼈저린 외로움을 느낍니다. 때로는 한나처럼 마음이 격분하여 통곡하고 싶었고, 때로는 다윗처럼 땅끝에 홀로 선 것 같은 절망감을 느꼈습니다. 목마른 삼손처럼 영혼의 갈증으로 타들어 갈 때도 있었습니다.

주님, 이 아픈 마음을 사람에게 풀려다가 더 큰 상처를 입었습니다. 사람의 위로가 잠시 스쳐 지나가는 바람임을 깨닫습니다. 이제는 나의 시선을 돌려 오직 주님께로 향합니다. 점잖은 척 꾸미지 않겠습니다. "괜찮다"고 거짓말하지 않겠습니다. 있는 모습 그대로, 터져 나오는 감정 그대로, 상한 마음의 조각들까지 주님 앞에 물 쏟듯이 쏟아놓습니다(Pour out).

나의 작은 신음 하나도 놓치지 않고 기억하시는 주님, 나의 눈물을 주의 병에 담으시는 주님, 이 시간 저를 만나 주시옵소서.

세상의 위로가 닿지 않는 깊은 고독의 감옥에 갇힌 저에게, "너는 종이 아니라 내 친구라" 말씀하시며 찾아오신 예수님을 바라봅니다. 내 인생의 조수석에 앉아 함께 울고 함께 웃으며 내 손을 잡아주시는 주님이 계시기에 저는 다시 일어섭니다. 나는 혼자가 아님을, 나는 결코 버려진 존재가 아님을 선포합니다.

주님, 고난이 닥칠 때 주님을 오해했던 것을 회개합니다. 주님이 나를 미워해서 치신다고 생각하여 도망치려 했습니다. 그러나 호세아 선지자의 외침처럼 찢으셨으나 도로 낫게 하시며, 치셨으나 싸매어 주시는 것이 주님의 본심임을 믿습니다.

소금 인형이 바다에 들어가 완전히 녹아들 듯, 나의 아픔과 외로움과 상처가 주님의 그 넓고 깊은 사랑의 바다 안에서 녹아내리게 하옵소서. 사막 같은 내 영혼에 '엔학고레'의 샘물을 터뜨려 주시고, 어김없이 찾아오는 새벽빛 같이 임하시는 주님의 치유를 경험하게 하옵소서.

나를 살리시는 예수님의 이름으로 기도합니다. 아멘.

하나님의 침묵 속에서 신뢰를 배웁니다

시간의 주인이시며 역사의 주관자이신 주님,

저의 작은 신음에도 귀를 기울이시며 가장 좋은 때에 가장 좋은 것으로 응답해 주시는 신실하심에 감사합니다.

나의 조급함을 내려놓고 신실하신 주님의 때(Kairos)를 잠잠히 기다립니다.

저는 기도를 자판기처럼 생각했습니다. 동전을 넣으면 곧바로 원하는 물건이 나와야 한다고 믿었습니다. 그래서 응답이 더디면 낙심했고 거절당하면 하나님이 나를 사랑하지 않는다고 의심했습니다. 하박국처럼 "무화과나무가 무성하지 못하고 외양간에 소가 없는" 텅 빈 현실 앞에서 불평했습니다.

그러나 주님, 이제는 '거절(No)'과 '기다림(Wait)' 조차 나를 향한 하나님의 깊은 응답임을 깨닫습니다.

나를 단련시키기 위해, 나에게 더 큰 믿음의 그릇을 준비시키기 위해 잠시 침묵하시는 주님의 뜻을 헤아립니다. 가나안 여인에게 쌀쌀맞게 대하시면서도 그 속에 숨겨진 '큰 믿음'을 끌어내려 하셨던 주님의 사랑과 본심을 이제는 압니다.

주님, 비록 내 눈에 보이는 결과가 없을지라도 감사하겠습니다. 그리 아니하실지라도 주님을 찬양하겠습니다. 문제가 해결되어서가 아니라, 문제보다 크신 하나님이 나와 함께하시기에, 나를 구원하신 하나님 한 분만으로 기뻐하겠습니다.

나의 발을 사슴과 같게 하사 고난이라는 험한 산을 뛰어넘게 하시고 더 높은 곳에서 주님의 영광을 보게 하옵소서.

응답이 없다고 기도의 자리를 떠나지 않겠습니다. 사가랴처럼 묵묵히 제사장의 직무를 감당하며 일상을 지키겠습니다. 억울한 과부처럼 포기하지 않고 끈질기게 매달리겠습니다.

나의 시간표보다 하나님의 시간표가 훨씬 완벽함을 믿습니다. 부스러기 은혜라도 좋사오니, 주님을 향한 믿음의 끈을 놓지 않게 하옵소서. 마침내 가장 좋은 것으로(The Best), 가장 좋은 때에(The Best Time), 가장 좋은 방법으로(The Best Way) 응답하실 주님을 찬양합니다.

신실하신 예수 그리스도의 이름으로 기도합니다. 아멘.

나를 부인하고 기도로 세상을 이깁니다

만군의 여호와 하나님,

연약한 저를 홀로 두지 않으시고 세상을 이길 수 있는 기도의 권세와 능력을 주시니 감사합니다.

내 힘과 혈기가 아닌 오직 기도의 능력으로 세상을 이기기를 원합니다. 우리가 살아가는 세상은 거대한 바알의 선지자들처럼 우리를 위협하고, 때로는 빌립보의 감옥처럼 억울한 고난으로 우리를 가둡니다. 시험과 유혹의 파도는 쉴 새 없이 밀려와 우리를 넘어뜨리려 합니다. 이 치열한 영적 전쟁터에서 내 지혜와 내 방법으로는 결코 승리할 수 없음을 고백합니다.

엘리야처럼 먼저 무너진 기도의 제단을 수축하게 하옵소서. 관계가 깨진 채 응답의 불만 구하는 어리석음을 범하지 않게 하시고, 먼저 주님과의 친밀함을 회복하게 하옵소서. 내 노력으로 불을 피우려 애쓰는 것이 아니라, 하늘에서 임하는 성령의 불을 구하게 하옵소서.

바울과 실라처럼 캄캄한 인생의 밤중에도 원망 대신 찬송을 부르게 하옵소서. 기도가 터질 때 감옥 문이 열리고, 묶인 것이 풀어지며, 고난 뒤에 숨겨진 구원의 섭리가 드러날 줄 믿습니다. 상황을 바꾸려 하기보다 기도로 내 눈을 바꿔주사 하나님의 일하심을 보게 하옵소서.

주님, 무엇보다 겟세마네의 예수님을 본받아 '기도의 백신'을 맞기를 원합니다. 시험이 닥치기 전에 깨어 기도함으로 유혹에 빠지지 않고 넉넉히 이길 영적 항체를 기르게 하옵소서. 베드로처럼 위기 앞에서 혈기를 부리는 자가 아니라, 예수님처럼 하나님의 뜻을 해석하고 순종하는 참된 제자가 되게 하옵소서.

이제 기도의 가장 깊은 자리, '자기 부인'의 자리로 나아갑니다.

아브라함이 100세에 얻은 이삭을 모리아 산에서 바쳤던 것처럼, 내 손에 꽉 쥐고 놓지 못했던 나의 꿈, 나의 자존심, 나의 가장 소중한 것을 주님께 올려드립니다. 그것이 우상이 되지 않도록 기도를 통해 내 욕심을 녹여주소서.

내 뜻을 꺾고 주님의 뜻에 항복합니다.

"내 원대로 마시옵고 아버지의 원대로 하옵소서."

내가 죽고 예수가 사는 이 기도를 통해, 나의 삶이 막힌 담을 헐고 세상을 축복하는 통로가 되게 하옵소서.

십자가로 승리하신 예수님의 이름으로 기도합니다. 아멘. ■